애들 키우기

하나보다 힘든 둘이 아닌, 하나보다 더 행복한 둘을 위해

애둘 키우기

글 양경아 · 그림 정채원

좋은땅

프롤로그

> "아이가 외동이면 너무 외로울 것 같았어요.
> 그래서 서로 의지하라고 동생을 낳았는데
> 의지는커녕 하루 종일 눈만 뜨면 싸워요.
> 아이들을 키우는 게 너무 힘들어요. 어쩌죠?"

다둥이를 키우는 부모의 가장 주된 양육 고민입니다. 요즘 주변을 둘러보면 아이를 낳지 않는 부부도 많지만 여전히 아이에게 형제, 자매, 남매를 만들어 주려는 부모도 많습니다. 그런데 안타깝게도 서로에게 의지가 되길 바라는 부모의 의도와는 다르게 아이들의 크고 작은 다툼이 매일 반복되는 것이 현실입니다.

아이들은 왜 다투는 걸까요? 지금 생각하고 있는 그 이유가 맞습니다. 바로 부모의 사랑을 두고 서로 질투하고 경쟁하기 때문입니다. 그런데 서로 질투하는 거라고, 서로 경쟁하는 거라고 가르쳐 준 것도 아닌데 우리 집이나 옆집이나 똑같이 매일 전쟁을 치르고 있는 이유는 뭘까요? '가르쳐 주지 않았다. 우리 집이나 옆집이나 똑같다.'가 이 질문의 답에 대한 힌트입니다. 원래 그런 것입니다. 보편적인 발달과정일 뿐인 것입니다. 뭔지 모르겠지만 원래 그렇다고 하니 좀 마음이 괜찮아지나요? 어쩌면 원래 그렇다고 하니 견디라는 말로 들려 더 불편해졌을지도 모르겠습니다.

사랑의 욕구는 가장 기본적인 것입니다. 따라서 사랑받고 싶은 마음에 대해 과하다고 잘못이라고 말할 수는 없습니다. 그러나 사랑을 아무리 주어도 계속 부족하다고 한다면 더 이상 사랑을 줄 수 없을 만큼 지치게 되니 적정선을 유지할 필요는 분명 있을 것 같습니다. 아이가 부모로부터 사랑이 부족하다고 느끼는 것은 '절대적인 사랑의 부족'이라기보다는 대부분 '상대적인 사랑의 부족'인 경우가 많습니다. 남의 떡이 더 커 보이는 것과 같은 이치입니다. 따라서 부모가 형제, 자매, 남매 갈등을 해결하기 위한 첫걸음은 '아이들을 비교하지 않는 것'입니다. 아이들은 부모의 말과 행동을 통해 자신이 취해야 할 말과 행동의 기준을 만들기 때문에 부모가 비교를 한다면 자신도 비교를 할 것이고, 부모가 그렇지 않다면 자신도 그러지 않게 되기 때문입니다. 그리고 아이들에게 맞는 특별한 사랑을 주는 것으로 갈등 해결을 완성할 수 있습니다. 이를 위해서는 아이들을 '다 같은 내 자식'이라는 세트의 개념으로 생각하는 것이 아니라 한 명씩 기질적 특징을 파악하고 그에 맞는 특별한 사랑을 주는 것이 필요합니다. 이런 과정을 통해 아이는 형제, 자매, 남매와 자신을 비교하며 자신이 부모로부터 받은 사랑에 대해 평가하고 질투하는 것이 아니라 자기가 원하는 사랑을 받았음에 만족하고 부족하다면 더 채울 수도 있습니다. 사랑을 채울 때에도 비교를 하는 것이 아니기 때문에 자신이 원하는 사랑을 명확히 말하고 조금 더 수월하게 채울 수 있게 됩니다.

그렇다면 부모만 비교하지 않고 특별한 사랑을 주면 아이들이 다투지 않는 걸까요? 아쉽게도 그렇지는 않습니다. 아이는 부모하고만 상호작용을 하는 것이 아니라 좋든 싫든 가정에서 형제, 자매, 남매와 함께 지내야 하기 때문에 아이들은 자기들끼리 잘 지내기 위한 방법을 알아야만 잘 지낼 수 있습니다. 그런데 이 방법을 알아 가는 것이 쉽지 않습니다. 왜냐하면 아이들이 너무 어리기 때문입니다. 그러나 너무 걱정할 필요는 없습니다. 부모라면 누구나 보편적으로 지켜야 하는 기본적인 도덕을 알고 있고 어떻게 서로 상호작용을 하는 것이 옳은 것인지 알고 있습니다. 따라서 부모가 이 도덕적 가치와 상호작용 방법을 어린 아이들의 눈높이에 맞추어 설명하고 가르치고 습관이 될 수 있도록 기회를 주면 되기 때문입니다.

잘할 수 있을지 걱정이 되나요? 저도 남매를 키우는 것에 걱정이 앞섰던 적이 있었습니다. 첫아이 햇살이를 낳고 행복했던 만큼 동생 요술이를 낳은 후에도 여전히 행복하고 싶었는데 그럴 수 있을까 하는 생각이 계속 맴돌았기 때문입니다. 아이들은 나와 다른 사람이라 아이들의 마음과 나의 마음이 똑같지 않으니까요. 그래서 서로 알아 가고 적응해 가는 과정에 공을 많이 들였고 지금도 그러고 있습니다. 직업이 부모교육 강사이다 보니 특별한 노하우가 있지 않을까 궁금해 하시는 부모님들이 많았는데요, 특별한 노하우는 절대로 없었던 것 같습니다. 그냥 매 순간마다 아이의 마음이 어떤지를 살펴보았고 갈등이 있을 때마다 일관된 우리 집만의 훈육의 원칙을 지키려 했던 것 같습니다. 물론 모든 순간 갈등 해결에 성공했던 것도 아니었습니다.

다만 해결을 위해 노력은 했다고 생각합니다. 한 번 해 보고 안 되면 다시 해 보면서요. 이런 과정을 거치며 아이들의 심리와 관계가 변하는 보편적인 과정을 경험해 보고 시기마다 겪게 되는 갈등을 해결해 나가며 그 과정을 부모님들과 함께 공유하고 싶다는 생각이 들었습니다. 그래서 선배 부모인 제가 겪은 과정을 통해 후배 부모님들이 조금 더 시행착오를 줄이길 바라는 마음을 이 책에 담아 보았습니다.

『애 둘 키우기』는 형제, 자매, 남매 갈등 다루기 2권으로 1권 『첫아이와 함께하는 동생맞이』에 이어 요술이가 태어난 후 햇살이와 어떻게 커 가는지에 대한 이야기입니다. 요술이의 임신 기간 중에 햇살이와의 이야기를 다룬 1권을 출간했을 때는 뭔가 해야 할 일을 덜한 것 같은 기분이었는데 2권을 출간하는 지금은 해야 할 일을 다 한 것 같은 기분이 듭니다. 요술이가 태어나기 전보다 태어난 후의 일상이 더욱 신경 쓸 일이 많았고 그만큼 할 이야기가 많았기 때문입니다. 분명 책 속에 적힌 방법만이 정답인 것은 아닐 것입니다. 그러나 부모님들이 아이들의 갈등을 해결해 나가는 과정에서 아이들이 더 안전하고, 부모님들이 덜 힘들기를 바라며 글을 썼습니다. 저의 바람대로 햇살이와 요술이의 이야기가 부모 역할을 함에 있어 안내자 정도의 역할을 할 수 있다면 너무나 좋겠습니다.

20년이 넘는 시간 동안 부부로 부모로 함께해 준 나의 영민 씨에게 사랑 담뿍 담은 감사를 전합니다. 그리고 햇살이의 실제 인물이자 그림 작가로 함께 참여해 준, 딸과 함께 책을 출판하는 귀하고 행복한 경험을 하게 해 준 나의 채원이에게 커다란 고마움과 사랑을 전합니다. 마지막으로 네 명의 가족이 될 수 있게 해 주고 이 모든 이야기의 시작이 되어 준 나의 준혁이에게 진한 사랑과 행복을 전합니다. 모두 사랑합니다.

2025년 1월 7일
양경아

목차

프롤로그   *005*

1. 질투! 관심의 시작이에요

1.1. 참 행복한 세 가족이군. 흥!   *014*
1.2. 엄마는 누구 엄마야?   *023*
1.3. 내가 좋아? 요술이가 좋아?   *032*
1.4. 우리 둘이서만 데이트했지~이   *038*

2. 생활! 규칙이 필요해요

2.1. 요술이 재우고 우리 같이 놀자   *048*
2.2. 임무 완수!   *055*
2.3. 쉬가 날아가다니!   *062*
2.4. 너무 돌아다녀서…   *069*
2.5. 힘드네. 이제 그만   *075*
2.6. 내 놀잇감을 너에게 물려주마   *082*
2.7. 특단의 조치가 필요하군   *090*
2.8. 누나가 허락할 때만 들어가는 거야   *096*

3. 놀이! 멋진 승부를 해요

3.1. 요술아, 너 깍두기 해 — *104*
3.2. 내 건 다 했어 — *112*
3.3. 네가 자꾸 지는데 어쩌라고… — *118*
3.4. 넌 날 이길 수 없다 — *126*

4. 다툼! 둘이서 해결해요

4.1. 둘 다 너무 사랑하는 거 아니니? — *134*
4.2. 그만~ 둘 다 눈빛 교환 금지! — *141*
4.3. 초딩만 돼 봐. 가만 안 둬 — *147*
4.4. 엄마가 누나 혼내 줘 — *153*
4.5. 나도 용돈 줘 — *161*

5. 사춘기! 이해가 필요해요

5.1. 사춘기가 시작된 것 같아 — *168*
5.2. 저 아줌마도 사춘기야? — *176*

6. 관계! 분명 사랑이 있어요

6.1. 엄마 아빠 없을 때는 말 잘 들어 — *184*
6.2. 누나가 나 좀 좋아하나 봐 — *189*

1

질투!
관심의 시작이에요

1.1.
참 행복한 세 가족이군. 흥!

참 행복한 세 가족이군.

　햇살, 엄마, 아빠. 이렇게 세 가족이었던 햇살이네는 요술이가 태어나면서 네 가족이 되었습니다. 새로운 가족 요술이의 등장으로 행복과 기쁨과 감동이 더 많아질 거라는 기대는 순전히 엄마 아빠의 헛된 바람이었을 뿐일까요? 물론 행복과 기쁨과 감동이 더 많아지지 않은 건 아니지만 엄마 아빠가 요술이를 돌보는 매 순간마다 햇살이의 마음은 달라지고, 그런 햇살이의 마음에 대해 엄마 아빠는 눈치 아닌 눈치를 보며 살피게 되는 것이 현실입니다. 이 현실이 조금 더 행복해지도록, 엄마 아빠의 바람이 실제로 기쁜 일상이 되도록 엄마 아빠의 특별한 노력이 필요한 순간이 되었습니다.

　수시로 울며 엄마를 불러 자기 옆에 딱 붙여 놓는 요술이가 낮잠을 자는 시간. 하루 중 가장 집 안이 평화로운 시간에 햇살이와 엄마 아빠는 도란도란 이야기를 나누고 있습니다. 그런데 평화로운 시간도 잠시. 요술이의 울음으로 다시 집 안이 시끌시끌해졌습니다. 이 순간 제일 싫은 사람은 누구일까요? 바로 햇살이입니다. 햇살이에게는 요술이가 낮잠을 자는 이 짧은 순간이 예전처럼 엄마 아빠를 독차지하며 이야기도 하고 놀 수도 있는 시간인데 요술이가 깨 버렸으니 기분이 썩 좋을 리가 없습니다. 요술이가 깨서 울고 있으니 엄마가 요술이에게 가는 건 당연한 일이겠지만 요술이에게 가는 엄마에게 서운해지고, 엄마를 데리고 가 버리는 요술이가 밉고 질투 나는 것 역시 햇살이의 당연한 마음일 것입니다. 요럴 때 엄마가 어떻게 대처하느냐에 따라 가족의 평화가 결정된답니다. 엄마는 햇살이에게

"요술이 깼나 보다. 잠시만."

이라고 말을 하고 요술이에게로 갔습니다. 함께 있던 엄마가 아무 말 없이 훅~ 가 버린다면 햇살이는 엄마가 요술이만 더 예뻐하고 소중하게 생각하는 것 같아 요술이에 대한 질투가 더 많아질 수 있습니다. 햇살이의 마음이 힘들지 않도록 꼭 마음에 대한 배려를 해 주어야 합니다.

이렇게 엄마만 요술이에게 가면 아빠가 햇살이랑 같이 있으니 햇살이 마음이 그래도 좀 괜찮을 텐데, 세상에나 오늘은 요술이의 대박 응가로 인해 아빠마저 요술이에게 가게 되었네요. 그리고 이어지는 요술이와 엄마 아빠의 행복한 모습. 이 순간 혼자 덩그러니 남은 햇살이가 드디어 폭발하고 말았습니다.

"참 행복한 세 가족이군. 흥!"

이럴 의도도 상황도 아니었는데, 햇살이의 반응은 엄마 아빠를 놀라게 하기에 충분하였습니다. 아이가 이렇게 질투의 행동을 할 때 부모의 반응에 따라 상황이 매우 달라질 수 있습니다. "별것도 아닌데

또 짜증이야."라고 화를 내는 부모, "질투할 걸 해. 다 큰 게."라고 핀잔을 주는 부모, "이런 것도 질투하네. ㅎ"라고 웃어넘기는 부모 혹은 아무런 반응도 하지 않은 채 무시하는 부모. 어떤 반응도 아이에게는 좋을 리 없겠지요? 이런 순간 햇살이에게 필요한 건 우리 모두가 행복한 가족이라는 사실을 알리는 것입니다. 그리고 아이가 화를 내더라도 부모는 충분히 여유롭고 재밌게 이 상황을 정리하면 좋겠습니다. 이런 엄마 아빠의 마음을 담아

"응가 냄새가 좀 나긴 하지만 우리 행복한 네 가족 하자."
"햇살아, 어서 와."

라고 말했습니다. 햇살이는 엄마 아빠가 요술이만 좋아해서 이런 상황이 연출된 것이 아니라는 것을, 가족이라는 보호막 안에 여전히 사랑받는 존재로 자신이 있다는 것을 바로 알았을 것 같습니다.

그런데 이런 상황을 너무 심각하게 받아들인 나머지 부모가 첫아이를 불러 진지하게 "우린 가족이야. 가족은 서로 사랑하는 거야. 다 같이 행복해야지. 동생을 돌보는 건 엄마 아빠의 의무야. 네가 이해해 주면 좋겠어."라고 말하는 경우도 있습니다. 이럴 경우 첫아이에게는 가족의 의무가 너무나 무겁게 느껴지고 이해를 부탁하는 부모에게 더 많은 서운함을 느껴 동생이 더 미워질 수 있습니다. 아이와 함께 심도 있는 대화를 나누어야 하는 상황도 있겠지만 때로는 조금은 가볍게 그리고 유쾌하게 마무리하는 것도 좋겠습니다. 아이 둘을 키운다는

게 얼마나 힘든 일인지 키워 본 부모라면 누구나 공감할 텐데요, 우리 조금만 더 여유를 가져 보겠습니다.

 책 속 상담실

Q 첫째는 6살이고 둘째가 태어났습니다. 첫째는 동생을 엄청 싫어합니다. 동생을 버리라는 말까지 했습니다. 어떻게 말을 해 주어야 할지 모르겠습니다.

A 첫째가 동생으로 인한 스트레스가 많은 것 같습니다.

1. 첫째의 마음을 읽어 줍니다.
"동생이 싫구나."라고 마음을 읽어 주세요. 아이의 마음을 읽어 주어 아이가 진정되어야 다음 대화도 이어 나갈 수 있습니다.

2. 동생이 싫은 이유를 물어봅니다.
첫째에게 동생이 싫은 이유에 대해 꼭 물어봐 주세요. 이유에 따라 부모의 대처 방법이 달라지기 때문입니다. 그리고 부모님이 이유를 물어보고 자신의 이야기를 들어 주는 것 자체만으로도 아이는 자신이 사랑받고 있다고 생각하게 되어 문제 해결에 도움이 됩니다. 그런데 부모가 이유를 물어도 대답을 못 하는 아이도 있습니다. 이럴 때에는 "엄마 아빠가 이유를 알아야 도와줄 수 있어. 생각해 보고 이야기해 줘."라고 시간을 주세요.

3. 동생과 같이 잘 지낼 수 있는 방법을 마련합니다.

동생은 가족이므로 같이 살아야 하고 절대로 버릴 수 있는 존재가 아님을 이야기해 생각의 범위를 명확히 해 줍니다. 그리고 생각의 범위 안에서 서로 조금 더 편하고 행복해질 수 있는 방법을 찾아야 한다는 것을 알려 준 후, 첫째가 말한 이유에 대한 해결방안을 함께 마련하면 됩니다. 예를 들어 첫째가 동생이 자신의 놀잇감에 침을 흘려서 싫다고 한다면 "동생이 놀잇감에 침 흘리지 않도록 엄마 아빠가 동생을 잘 돌볼게."라고 분명한 대안을 제시하고 반드시 실천해야 합니다.

1.2. 엄마는 누구 엄마야?

엄마의 정체성에 대한 이야기를 해야 할 때가 되었나 봅니다. 햇살이에게 엄마는 늘 자기만의 엄마였습니다. 주변의 모든 사람이 엄마에게 '햇살 엄마'라고 불렀고, 햇살이 옆에 언제나 있는 엄마였으며, 엄마에게 1순위는 늘 햇살이었으니까요. 의심할 여지라곤 1도 없는 진심 햇살이의 엄마였습니다. 그런데 요즘은 엄마가 햇살이 옆에 있는 시간보다 요술이 옆에 있는 시간이 더 많아지니 햇살이 입장에서는 당연히 '내 엄마인가? 아닌가?' 의심과 질투가 생길 만한 일입니다. 그렇다고 누구 엄마냐고 따져 묻는 말을 들을 만큼 엄마가 뭘 많이 잘못한 것도 아닌데 한편으로 생각하면 엄마는 참 억울할 것 같기도 하고, 또 첫아이를 놀려 주고 싶은 마음도 살짝 들 것 같기도 합니다.

　이럴 때 엄마들이 흔히 하는 반응은 "당연히 아기 엄마지."라고 첫아이를 놀리는 말을 해 첫아이를 울리기도 하고, "말 잘 듣는 사람 엄마지."라고 말해 아이들을 은근히 경쟁하게 하며 엄마에게 복종하도록 만드는 것입니다. 어느 쪽도 상황 해결에 도움이 되지는 않을 듯합니다.

　이보다는 좀 더 근본적으로 누구와 있느냐에 따라 엄마의 역할이 달라진다는 것을 알려 주고, 동생이 생긴 현실 앞에 한 명뿐인 엄마를 서로 나누고 함께 공유하며, 마음 상하지 않게 지내는 방법을 알려 주는 것이 훨씬 좋겠습니다. 햇살이의 기억 속에 엄마는 늘 햇살이 엄마였겠지만 엄마도 처음부터 햇살이 엄마였던 건 아닙니다. 그래서 엄마는 햇살이에게

> "외할머니랑 있을 때는 딸이고, 아빠랑 있을 때는 아내고, 요술이랑 있을 때는 요술이 엄마고, 햇살이랑 있을 때는 햇살이 엄마야."

라고 말해 주었습니다. 고맙게도 햇살이는 엄마가 자기 엄마가 맞다는 사실을 확인하고 기분이 풀리는가 싶더니 여전히 요술이에 대한 묘한 신경전이 이어지고 있네요.

대부분의 아이들도 햇살이와 마찬가지입니다. 한술 더 떠 "쟤 엄마는 아니고 내 엄마만 해 줘."라고 말해 엄마를 시험에 들게 하고 인내심의 한계를 느끼게 하기도 합니다. 바로 이럴 때 가장 좋은 방법은 아이의 마음을 읽어 주고 아이와 잠시 머물러 주며 자신의 곁에 늘 엄마가 함께 있음을 느끼게 해 주는 것입니다.

> "너만의 엄마였으면 좋겠구나."
> "엄마는 늘 너의 곁에 있을 거야."

정도면 충분합니다. 그런데 더 잘 가르쳐 주고 싶어서 동생은 가족이므로 엄마가 돌봐야 한다는 사실을 알려 주고 이해시키려 노력하거

나, 이만큼 설명했으면 알아들어야 한다고 이해를 강요할 때가 있습니다. 이러한 훈육은 의미가 없습니다. 첫아이는 어떤 이야기도 듣지 않기 위해 노력할 테니까요. 왜냐하면 처음부터 자신의 엄마임과 동시에 동생의 엄마임을 인정하기 싫은 것이지 모르는 것이 아니기 때문입니다. 첫아이가 원하는 것은 동생이 생겨도 여전히 자신이 엄마에게 사랑받는 존재인지, 아닌지가 중요할 뿐입니다. 그래서 첫아이의 감정에 집중하고 제3자인 동생을 배제한 상태에서 엄마가 첫아이에게 어떻게 해 주겠다는 다짐 정도면 충분합니다.

엄마는 햇살이로부터 받은 "누구 엄마야?"라는 질문에 답을 한 후 몇 년의 시간이 흐른 뒤 요술이에게도 똑같은 질문을 받게 되었습니다. 그런데 이번에는 맥락이 조금 달랐습니다. 요술이와 함께 만난 엄마의 지인들이 모두 엄마에게 '햇살 엄마'라고 불렀기 때문입니다. 지인들의 입장에서는 너무나 당연한 호칭이지만 듣고 있던 요술이는 마음이 불편했던 것입니다.

"엄마는 누구 엄마야?"
"난 요술이인데 왜 '햇살 엄마'라고만 해?"

요술이 마음이 이해되지요? 한 번도 요술이의 입장에서 생각해 보지 않은 상황이었습니다. 그래서 그동안 계속 '햇살 엄마'라고 불렸던 엄마는 요술이에게

"미안. 요술이랑 있을 때에는 '요술 엄마'라고 불러 달라고 할게."

라고 말하였답니다.

 책 속 상담실

Q 주말에 아내는 둘째랑 집에 있고 제가 첫째랑 놀이터에 갔습니다. 우연히 아이의 친구를 만나게 되었는데 그때 아이가 저에게 화를 내기 시작했습니다. 왜 자기에게 말하는 것보다 더 친절하게 친구에게 말을 하냐며 자기 아빠 맞냐는 것이었습니다. 동생만 질투하는 줄 알았는데 이제 친구까지 질투를 합니다. 어떻게 해야 하나요?

A 놀이터에서 아버님이 살짝 당황스러웠을 것 같습니다.

1. 아이의 마음을 읽어 줍니다.
아이가 흥분된 상태라면 어떤 말을 해도 아이가 듣지 못합니다. 일단 아버님의 마음을 전하기 전에 아이를 안정되게 해야 합니다. "아빠가 친구에게 더 친절하게 말하는 것 같아 화가 났구나."라고 마음을 읽어 주고 안정될 때까지 기다려 주세요.

2. 아이가 원하는 사랑을 표현해 줍니다.
아이는 아빠가 자기를 사랑하는지 하지 않는지 열심히 저울질을 하고 있는 것 같습니다. 그만큼 더 사랑받고 싶다는 뜻이기도 합니다. 그리고 주고 싶은 사랑과 받고 싶은 사랑이 다를 경우 아버님이 아무리 사랑을 주어도 아이는 부족하다고, 아니라고 느낄 수도 있습니다. 그래서 제일 좋은 것은 "아빠가 어떻게 해 주면 좋겠니?"라고 아이에게 받고 싶은 사랑을 물어본 후 그 사랑을 전해 주면 됩니다.

1.3.
내가 좋아? 요술이가 좋아?

"엄마가 좋아? 아빠가 좋아?" 이런 질문을 받지 않게 되었다는 건 분명 어른이 되었다는 증거일 것입니다. 더 이상 받지 않을 것 같았던, 누가 더 좋은지에 대한 비교급의 질문을 햇살이로부터 엄마가 받아 버렸네요. 양자택일. 이보다 명확한 것도 없을 것 같지만 이보다 더 곤란한 것도 없을 것 같습니다.

이런 상황에서 흔한 부모의 반응은 첫 번째 "둘 다 똑같이 좋아."라고 말하는 것입니다. 마음은 마음으로 눈에 보이는 것이 아니라 행동과 말로 눈에 보이게 되는데 아쉽게도 '똑같이 좋다'라는 마음을 가지고 있다고 해도 절대로 '똑같이 좋아하는 행동'으로 나타나지 않기 때문에 아이들은 대번에 '아니야. 틀렸어. 거짓말이야.'라고 생각하게 됩니다. 더 나아가 아이들 중에는 아주 똑똑하게 "똑같이 좋아하니까 똑같이 해 줘."라고 부모에게 무리한 요구를 하며 떼를 쓰기도 하고 퇴행을 하기도 해 부모를 무척이나 난감하게 합니다.

두 번째 흔한 부모의 반응은 "네가 더 좋아. 이건 비밀."이라고 말하는 것입니다. 부모의 입장에서는 우선 좋아한다는 말을 듣고 싶은 아이의 욕구를 충족해 주었고, 두 아이 중 한 아이를 더 좋아한다고 말하는 것은 다른 한 아이에게 상처를 주는 것이 되므로 '비밀'이라는 단서를 붙여 이 상황을 정리한 나름 현명한 판단이라고, 솔로몬의 지혜에 버금가는 명답이라고 생각하였을 것입니다. 그러나 세상에 비밀은 없지요? 혹여 아이가 비밀을 정말 잘 지킨다고 해도 '네가 더 좋아.'라는 말 자체에 이미 비교의 의미가 담겨 있어서 언젠가 아이는 '엄마 아빠가 나보다 동생을 더 좋아할지도 몰라.'라고 생각하게 될 수도 있습니다. 그래서 '더 좋다'라는 말은 아이가 스스로 서로를 비교하게 하며 경쟁을 부추길 수 있어 좋은 답이 아닙니다. 그래서 가장 좋은 답은

"사람은 모두 소중해."
"그래서 서로 비교할 수가 없어."

입니다.
 답이 너무 시시한가요? 어쩜 아이에게 통하지 않을 거라는 생각도 들지요? 맞습니다. 절대로 한 번에 이 답이 아이에게 전달되지는 않습니다. 왜냐하면 아이는 '나야? 동생이야?'가 중요하기 때문에 그 외 부모의 답에 대해서는 들을 준비도, 듣고 이해할 준비도 안 되어 있기 때문입니다. 그래서 '비교할 수 없는 소중한 존재'라는 답은 질문을 받을 때마다 잊지 말고 일관되게 계속해 주어야 합니다. 아이가 자신의 질문이 잘못되었음을 알 수 있을 때까지 말입니다. 또한 아이가 자신이 한 질문에 오류가 있다는 것을 빨리 알아차릴 수 있도록 평소 부모가 두 아이를 절대로 비교하거나 차별하지 않는 것이 중요합니다. 아이들이 부모의 말을 신뢰하고 자신이 한 비교급의 질문 자체가 오류임을 빨리 파악할 수 있도록 말과 행동을 꼭 일치시켜 주세요.

한 걸음 더 들어가 아이는 자기가 왜 좋은지에 대해 물어보기도 합니다. 동생과 비교하여 누가 더 좋은가에 대한 질문에만 잘 대답하면 될 줄 알았는데 요런 질문이 또 따라왔습니다. 이 질문은 꽤 쉬운 질문 같지요? 아이의 칭찬 거리를 찾아서 말하면 될 것 같으니까요. 그런데 그렇게 칭찬 거리만 찾다 보면 문제가 생길 수 있습니다. 부모들은 대부분 "네가 동생을 잘 돌봐서 좋아.", "밥을 잘 먹어서 좋아."와 같이 부모의 기준에서 만족스러운 행동을 좋아하는 이유로 드는 경우가 많습니다. 이럴 경우 아이는 이유가 되는 그 행동을 계속하며 부모로부터 사랑받기 위한 행동을 하다가 스트레스를 받기도 합니다. 따라서 아이가 "내가 왜 좋아?"라는 질문을 한다면 아이의 칭찬 거리를 찾아서 좋은 이유를 말해 주기보다는

"햇살이는 햇살이라 좋고, 요술이는 요술이라 좋아."

라고 존재 자체에 대한 좋음을 표현해 주는 것이 좋습니다. 부모의 사랑에는 이유도 없고 대가도 없는 것이니까요.

 책 속 상담실

Q 저희 부부는 아이를 원했는데 오랫동안 임신이 되지 않아 첫아이를 입양했습니다. 아이를 입양하고 저희는 더없이 행복하고 좋았습니다. 그런 후 아내가 기적적으로 임신을 했고 둘째를 출산하였습니다. 둘째

가 커 갈수록 제 눈에 둘째가 더 예뻐 보입니다. 이런 마음이 들 때마다 첫아이에게 죄책감이 들고 제가 친부가 아니어서 이런 마음이 드는 것 같아 괴롭습니다. 어떻게 해야 할까요?

 아버님의 마음이 많이 힘들 것 같습니다.

1. 괜한 죄책감은 버립니다.
첫째에 비해 둘째가 더 사랑스럽고 예뻐 보일 수 있습니다. 왜냐하면 둘째는 상대적으로 어리고 작은 존재라 외모 자체가 더 귀엽거든요. 그리고 첫째를 키웠을 때도 물론 행복했겠지만 처음이라 그 행복이 어느 정도인지 잘 모르고 지나칠 수 있습니다. 그런데 그 경험했던 행복을 다시 느낄 때는 얼마나 행복한지 알기 때문에 더 많이 느껴질 수 있습니다. 그러다 보니 마치 첫째에 비해 둘째를 더 예뻐하는 듯한 착각에 빠질 수 있습니다. 지금 아버님은 이런 당연한 마음을 '친부가 아니라서'라는 단서로 왜곡하고 있는 듯 보입니다. '친부가 아니라서'라는 죄책감을 버리고 두 아이를 바라보아야겠습니다.

2. 두 아이 모두에게 특별한 사랑을 줍니다.
아이 모두에게 특별한 사랑이 필요합니다. 특별한 사랑이란 공평한 사랑이 아니라 아이에게 맞는 그리고 필요한 사랑을 주는 것입니다. 둘째는 아기라 안고 있을 때가 많을 텐데 이를 첫째에게도 똑같이 해 주는 것이 공평한 사랑이 아니라는 뜻입니다. 연령에 맞게 특별한 사랑을 주길 바랍니다.

1.4.

우리 둘이서만 데이트했지~이

오랜만에 즐거운 둘만의 데이트를 했다.

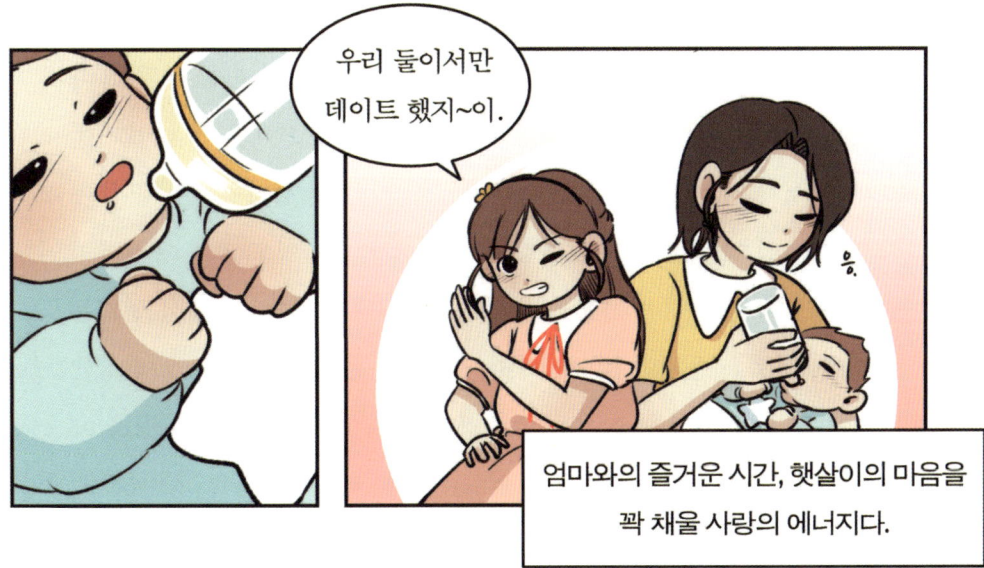

　햇살이가 그린 가족의 일과표를 보니 거의 대부분의 시간이 요술이 중심으로 되어 있는 것을 알 수 있습니다. 요술이가 어려서 어쩔 수 없다고 말할 수도 있겠지만 어쩐지 엄마가 햇살이에게 미안해지는 순간입니다.

　상황이 이렇다 보니 첫아이는 동생이 생긴 후 동생에 대해 오만 가지 생각과 느낌을 가지게 됩니다. 엄마 아빠가 동생만 예뻐하는 것 같아 질투하는 마음, 동생을 마치 인형 대하듯 하며 약간 귀여워하는 마음, 내가 언니네 형이네 하며 우월함을 느끼는 마음, 동생 울음소리에 짜증 나는 마음 등.

　이런 첫아이의 마음 상태를 지켜보고 있는 부모의 마음도 오만 가지입니다. 대표적인 것이 예전처럼 챙겨 주지 못해 미안한 마음, 동생을 질투하는 모습이 보기 싫은 마음, '너라도 엄마 아빠 좀 도와줘.'라는 호소와 부탁의 마음, 이 모든 마음이 뭉쳐진 안쓰러운 마음. 보기에는 여러 가지 마음들이 혼란스럽게 얽혀 있는 것 같지만 근원을 들여다보면 딱 하나의 마음일 뿐입니다. 부모도 첫아이도 모두 예전처럼 시간을 같이 보내며 사랑을 표현하고 싶지만 그렇지 못해서 생기는 마음, 서로 서운해하고 미안해하는 안타까운 마음입니다. 그래서 햇살이는 요술이만 돌보는 것 같은 엄마에게 화를 냈고 그런 마음을 아

는 엄마는 햇살이에게

"엄마랑 햇살이랑 둘이서 데이트할까?"

라고 데이트 신청을 했습니다. 그래서 시작된 햇살이와 엄마의 특별 데이트는 매달 한 번씩 하게 되었습니다. 아이가 둘 이상인 가정은 반드시 부모와 아이의 1:1 특별 데이트가 필요합니다. 아무리 화기애애하고 화목한 가족이라고 해도 아이에게는 부모와 단둘만의 시간에서 느낄 수 있는 특별하고 응축력 있는 사랑이 필요하기 때문입니다. 이런 특별 데이트는 '한번 해 줄게.'라는 시혜적인 마음으로는 절대 금지입니다. 사랑은 사랑일 뿐 동정이나 다른 어떤 마음도 아니기 때문에 설레는 마음으로 데이트를 해야 합니다.

특별 데이트라고 하면 뭔가 근사하고 평소에 잘하지 못했던 것을 해야 할 것 같지만 결코 그렇지 않습니다. 아이가 부모에게 바라는 것은 예전처럼 같이 시간을 보내는 것이지 특별한 무언가를 원하는 것이 아니기 때문입니다. 그리고 아주 특별한 일을 하려고 하면 부모가 미리 준비를 해야 한다는 부담감 때문에 꾸준히 하기 힘들어 몇 번 하지도 못하고 흐지부지될 수 있으므로 특별한 무언가를 하기 위한 노력은 하지 않는 것이 좋습니다.

그래서 엄마와 햇살이는 둘이서 자주 하던 뮤지컬 보기와 도넛 먹기를 하기로 하였습니다. 엄마와 예전으로 돌아간 것처럼 둘만의 시간을 보내고 온 햇살이는 기분 좋게 일기도 썼습니다. 그리고 요술이를 돌보는 엄마에게 화를 내고 짜증을 부리기보다는 살짝 다가와 둘만의 데이트에 대해 속닥이고 있습니다. 마치 비밀 사내 연애를 하는 커플이 동료들 모르게 자신들만의 러브 사인을 보내는 것처럼요.

아마도 햇살이의 마음은 '요술이, 넌 모르지롱~ 엄마랑 난 데이트했지롱~ 엄마가 네 옆에 많이 있지만 나도 엄청 사랑하거든.'이라고 외치고 있을 것입니다. 이 특별 데이트의 효과는 다음 달 특별 데이트까지 한 달을 살 수 있는 신나는 에너지로 햇살이의 마음을 꽉 채워 줄 것입니다.

여기서 중요한 점은 다음번 특별 데이트는 이 신나는 에너지가 다 소진되기 전에 해야 하고, 이 특별 데이트의 약속은 부모와 아이가 함께 정하고 반드시 지켜져야 한다는 것입니다. 부모들 중에 "아이와 약속을 했는데 갑자기 일이 생겨서 못 지켰어요. 애가 얼마나 화를 내던지. 나도 어쩔 수 없는데 말이죠."라고 말하는 경우가 있습니다. 돌발 상황을 이해해 주지 않는 아이에 대한 서운함이 묻어나는 말입니다. 가끔 부모들은 아이가 어리다는 걸 잊어버리나 봅니다. 부모가 아이를 이해해 주는 것도 쉽지 않을 때가 있어서 야단을 치게 되는데 하물며 아이에게 부모의 급한 일에 대해 이해를 해 달라고 하는 건 정말 무리한 부탁입니다.

특별 데이트가 특별해지는 건 반드시 약속이 지켜지기 때문입니다. 따라서 약속을 반드시 지키겠다는 부모의 의지가 필요하고 이를 위해서는 약속은 신중하게, 부모의 에너지를 벗어나지 않는 범위 내에서 하는 것이 중요합니다. 아이가 좋아하고 행복해하는 걸 보면 부모는 자신도 모르게 '저렇게 좋아하는데.... 내가 힘들어도 해 줘야겠다.'라고 생각을 하기 마련입니다. 이런 희생의 마음은 반드시 힘듦을 수반하여 약속을 깨뜨리게 만든답니다. 부모의 사랑은 무한하다고 하지만 부모의 가용 에너지는 절대 무한하지 않습니다. 정해져 있는 부모의 가용 에너지를 초과하는 약속은 절대 하지 않는 것이 특별 데이트를 잘하는 비결입니다. 아이러니하지 않나요? 특별 데이트는 특별한 무언가를 더 하는 것이 아니라 늘 하던 것을 부모의 가용 에너지 범위 내에서 아이와 함께 약속하고 지키는, 일상적으로 꾸준히 할 수 있는 무언가를 하는 것이라는 게. 아이들을 키우는 것도 이런 것이 아닌가 생각합니다.

가끔 아이들과 같이 있으면 머털도사가 머리카락을 뽑아 자신의 분신을 만들어 여러 가지 일을 한꺼번에 처리하듯이 엄마도 분신이 생겼으면 좋겠다는 생각이 듭니다. 아이 옆에 늘 있어 주고 싶으니까요. 그러나 현실에서는 절대로 있을 수 없는 일이라 그저 상상만 해 봅니다. 엄마 몸이 하나이니 아이의 모든 시간, 모든 공간에 함께 머물러 줄 수는 없지만 마음만은 늘 함께라는 것만으로도 아이들의 마음은 행복해진답니다.

 **책 속 상담실**

Q 첫째와 특별 데이트를 하러 갔는데 첫째는 계속 무언가를 요구합니다. 요구를 다 들어주지 않으면 특별 데이트가 아니라고 합니다. 어쩌죠?

A 데이트 중에 기분이 상했을 것 같아 안타깝습니다.

1. 데이트는 함께 하는 것임을 알려 줍니다.
아이와 함께 데이트를 할 때에는 대부분 아이의 의견이 많이 반영되는 게 사실이지만 그렇다고 해서 아이가 원하는 것을 무조건 할 수는 없습니다. 데이트는 일방적인 것이 아니니까요. 데이트는 하고 싶은 걸 함께 의논해서 하는 것임을 꼭 알려 주세요.

2. 계획을 미리 세웁니다.
당일 하고 싶은 것이 계속 바뀌면 힘이 들고, 힘이 들면 다시 하고 싶지 않아집니다. 데이트를 하러 출발하기 전에 미리 계획을 세우고 계획에 맞추어 즐거운 시간을 보내길 추천합니다.

3. 아이의 새로운 요구는 다음번 데이트 계획에 반영합니다.
계획에 없는 것을 아이가 새롭게 요구할 경우에는 "그것도 하고 싶구나."라고 마음을 먼저 읽어 줍니다. 그리고 "그건 다음번 특별 데이트 계획할 때 생각해 보자."라고 함께 생각해 볼 수 있는 기회를 마련해 줍니다.

2

생활! 규칙이 필요해요

2.1.
요술이 재우고 우리 같이 놀자

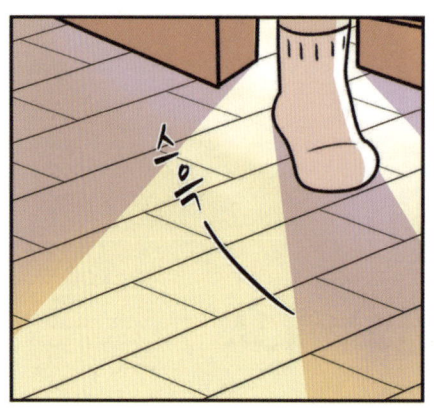

요술이가 자는 동안
잠시 즐거운 시간을 보낸다.

햇살아, 요술이 자는 동안 엄마 저녁 준비 좀 할게.

응. 나도 이제 책 볼래.

평온한 오후다.

    요술이가 잠든 오후 햇살이와 엄마는 시간을 함께 또 따로 보내게 되었습니다. 햇살이도 엄마도 요술이도 참 여유로워 보이는 순간입니다. 그런데 이런 시간이 그리 많지 않은 게 안타까운 현실입니다.

    엄마가 동생을 재우려고 할 때 첫아이는 계속 엄마에게 말을 걸거나 곁에서 놀이를 하며 시끄러운 소리를 내는 방해꾼이 되는 경우가 흔합니다. 이럴 때면 엄마는 "동생 재워야 하니까 조용히 해."라고 말하게 되고 동생이 잠들고 나면 "동생 자니까 조용히 해."라고 말하게 됩니다. 첫아이는 이 순간 '왜 내가 조용히 해야 돼?'라고 불만 가득한 생각을 하게 됩니다. 엄마가 요구하는 대로 해 봐야 자신에게 좋은 일은 아무것도 없으니까요. 그래서 평온한 오후를 맞이하기 위한 엄마의 선택은

"햇살아! 요술이 재우고 우리 같이 놀자."

였습니다. 이 말을 들은 햇살이는 요술이를 재우고 엄마랑 놀 생각에 정말 조용히 잘 기다렸고, 요술이가 잠든 후 엄마와 재밌는 시간을 보낼 수 있었습니다. 햇살이는 요술이를 재우는 것을 방해하는 방해꾼이 아니라 도움을 주는 든든한 협력자가 되었습니다.

엄마는 동생을 재우면서 머릿속으로 참 많은 계획을 세웁니다. 첫아이와 시간 보내기, 커피 마시며 책 읽기, 어제 못 본 드라마 보기, 자기, 밀린 설거지하기 등. 이런 계획 중에 실천에 옮겨지는 건 아마 대부분이 설거지와 같은 집안일인 경우가 많습니다. 우선 눈에 보이는 급한 것부터 하게 되니까요. 급한 것을 먼저 하기보다는 중요한 것을 먼저 하라는 말이 있습니다. 엄마의 계획 중 가장 중요한 것은 무엇일까요? 분명 첫아이와 시간을 보내는 것일 것 같습니다. 왜냐하면 동생을 낳은 후 늘 첫아이를 볼 때마다 시간을 같이 보내지 못하는 것에 대해 미안해하고 안쓰러워했으니까요. 미안해하고 안쓰러워하며 어쩔 수 없다고 생각하기보다는 즐겁고 행복한 시간을 만드는 것이 좋겠지요? 그래서 특별 데이트를 하기도 하는데 집에서 잠깐 짬을 내어 놀이를 하는 것은 효율성을 따져 볼 때 최고입니다.

그런데 '엄마가 천하무적도 아닌데 좀 쉬면 안 되나?' 하는 생각이 들기도 하고, 동생이 자는 시간이 엄마가 유일하게 쉬거나 집안일을 할 수 있는 시간인데 이 시간에 첫아이와 놀아야 한다는 생각을 하면 피곤이 마구 몰려오기도 합니다. 그래서 첫아이와 함께 하는 놀이는 최소한의 시간으로 하는 걸 추천합니다.

원래 놀이는 즐거움을 목적으로 하는 활동이기 때문에 짧은 시간이라도 서로에게 집중하며 최선을 다해 즐거웠다면 충분하니까요. 그리고 아이는 부모와 몇 분, 몇 시간을 놀았는지를 기억하는 것이 아니라 얼마나 재밌게 놀았는지를 기억하기 때문에 놀이 시간에 대해서는 고민하지 않아도 됩니다. 5분도 좋고 10분도 좋습니다.

그런데 부모는 10분만 놀려고 했으나 아이가 더 놀자고 조를 때 어떻게 해야 하나 하는 고민이 생기지요? 또 많이 놀아도 더 놀자고 조르는 아이도 하늘의 별만큼이나 많으니 놀이를 시작하는 것보다 끝내는 게 더 힘들어 선뜻 놀 엄두를 내기가 어렵기도 합니다. 그래서 놀이를 할 때는 아이와 부모가 놀이가 끝나는 시간을 함께 정하고 놀이를 하는 것이 좋고, 더 놀고 싶은 아이에게는 언제 또 놀 수 있는지 알려주는 과정이 필요합니다. 아이는 오늘 언제까지 놀 수 있는지 알 때, 다음에 또 놀 수 있다는 것을 알 때, 또 놀 수 있는 그때가 언제인지를 알 때 지금의 놀이에 집중하고 산뜻하게 끝낼 수 있으며 다음 놀이를 기다릴 수 있게 된답니다.

첫아이와 엄마의 놀이 시간은 첫아이가 엄마의 애정을 먹고 동생에 대한 질투가 줄어드는 마법 같은 시간입니다. 동생이 낮잠 자는 이 황금같은 시간을 놀이를 하며 첫아이에게 뺏긴다고 생각하기보다는 엄마의 시간을 나누어 사용한다고 생각하면 좋겠습니다.

부모는 동생이 태어난 후 첫아이와 놀이를 하며 시간을 같이 보내야 한다는 강박을 가지는 경우가 많습니다. 그런데 육아는 힘들고, 해야 하는 집안일이 많은 상황에서 놀이를 할 시간이 없다고 생각할 때가 많습니다. 놀이를 해야 한다는 생각이 강할수록, 놀 시간이 없다는 생각이 커질수록 즐거워야 하는 놀이가 오랜 시간 미뤄 둔 방학 숙제같이 느껴져 오히려 더 놀지 못하는 상황이 발생하곤 합니다. 놀이 시간에 대한 부담을, 집안일을 빨리 해야 한다는 부담을 조금만 내려놓을 수 있는 오늘이길 바라 봅니다.

Q 6살, 4살 아이를 키우는 엄마입니다. 동생이 없을 때 첫째와 놀이를 하면 꼭 첫째는 동생에게 "나는 엄마랑 놀았지롱~ 너는 못 놀았지?"라고 약을 올립니다. 이 말을 들은 동생은 동생대로 저에게 화를 내며 똑같이 놀아 달라고 합니다. 어떻게 해야 할지 모르겠어요.

A 아이들 사이에서 힘들 것 같습니다.

1. 첫째에게 '놀리기'는 하지 않아야 함을 알려 줍니다.
엄마랑 함께 논 것은 정말로 즐거운 일이니 당연히 자랑이 하고 싶습니다. 동생 앞에서 으쓱하고 싶기도 하고요. 엄마랑 재밌게 놀았다고 말을 하는 건 괜찮지만 놀려서 기분을 상하게 하는 것은 절대로 좋은 행동이 아님을 알려 주세요.

2. 동생에게 "엄마랑 하고 싶은 놀이를 말해 줘."라고 말합니다.
첫째가 엄마랑 놀았다고 하면 동생도 당연히 엄마랑 놀고 싶은 마음이 생깁니다. 그러나 "형만 놀아 주고. 나도 똑같이 놀아 줘."라고 비교의 말은 좋은 표현이 아닙니다. 놀이는 형과 비교해서 똑같이 노는 게 아니고 자기가 놀고 싶은 대로 노는 것이기 때문입니다. 따라서 엄마는 동생에게 "엄마랑 하고 싶은 놀이를 말해 줘. 그럼 재밌게 놀 수 있어."라고 말해 주세요. 이 말을 들은 동생은 분명 질투로 범벅된 말이 아니라 "엄마, 나는 **하고 놀고 싶어."라고 자신의 의견을 잘 말할 수 있게 될 것 입니다.

2.2.
임무 완수!

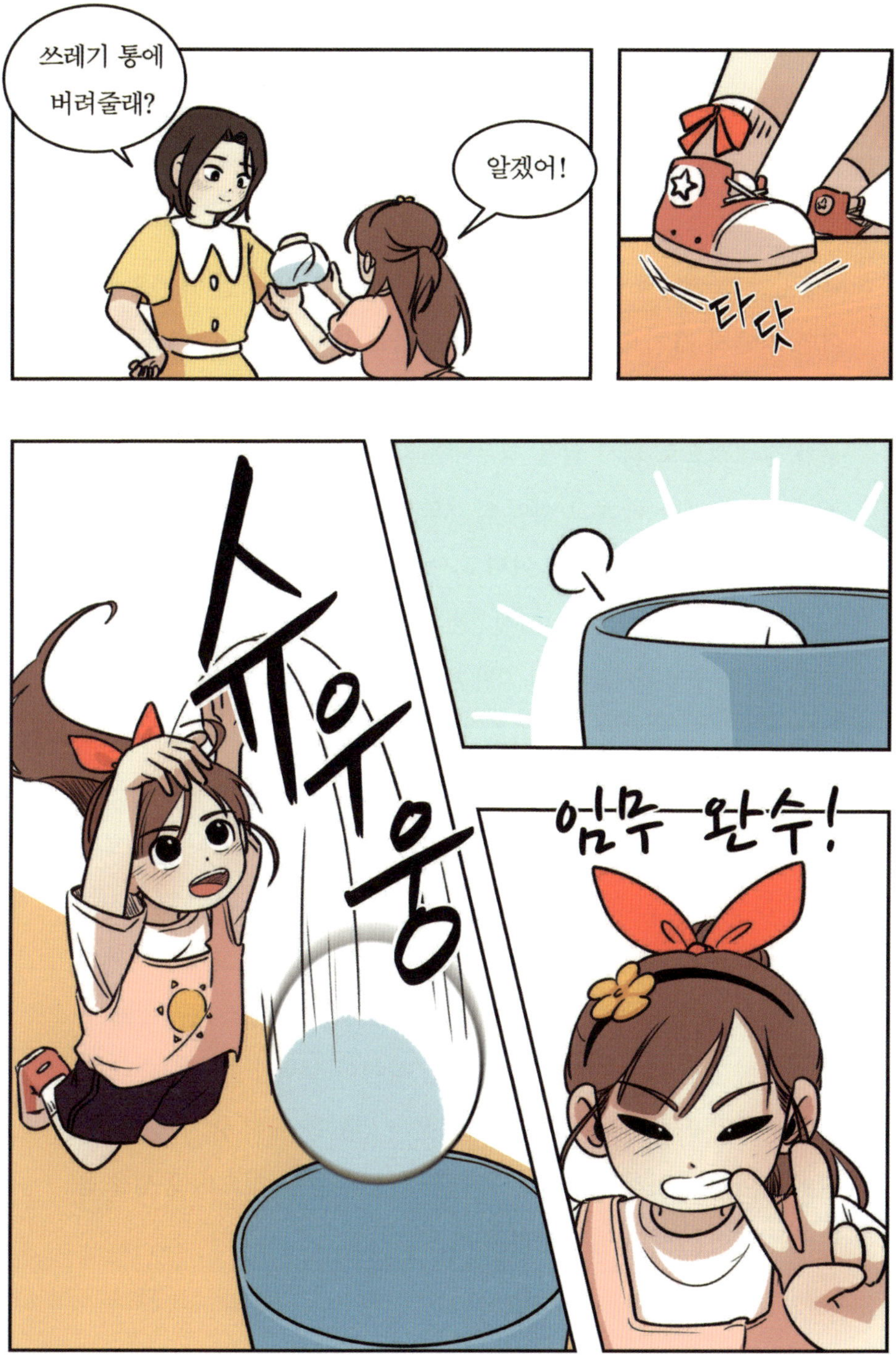

 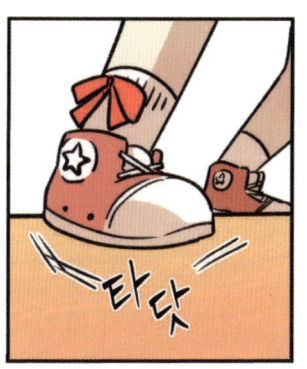

　엄마가 요술이를 돌볼 때마다 싫은 내색을 하던 햇살이가 오늘은 어쩐 일인지 자기도 요술이를 돌보겠다고 의욕을 불태우고 있습니다. 첫아이에게 동생은 특히 요술이처럼 나이 차이가 많아 자신의 적수가 절대적으로 되지 않을 경우에는 더욱 인형처럼 예뻐하며 소꿉놀이하듯 무언가 해 보고 싶어 하기도 합니다. 그러나 동생은 엄연히 인형이 아닌 생명체입니다. 여리고 작고 잘 돌보아야 하는 존재.

　이럴 경우 부모는 첫아이에게 "안 돼. 저리 가 있어. 네가 뭘 한다고 그래."라고 무시하기도 하고, "아휴, 동생 다치면 어쩌려고 그래."라고 잠재적 가해자처럼 대하기도 합니다. 물론 첫아이가 돕겠다고 한 행동이 오히려 부모의 할 일을 늘게 할 때가 많고 서툰 손길로 동생을 위험하게 할 수도 있으니 부모의 말이 맞긴 합니다. 그러나 부모로부터 이런 말을 들은 첫아이는 부모가 동생만 예뻐하고 자신을 무시한다고 생각할 수 있어 좋은 반응이 절대 아닙니다. 그리고 첫아이에게 무조건 못 하게 하면 부모가 잠시 자리를 비울 때 평소 동생에게 해 보고 싶던 것을 해 보다가 자칫 위험한 상황이 발생할 수도 있습니다.

　그래서 엄마는 햇살이에게 누나로서의 권위를 세워 줄 수 있고, 요술이 육아에 참여하고자 하는 욕구를 충족해 줄 수 있으며 동생을 돌본다는 것이 어떤 것인지 알려 주기 위해서

"엄마 도우미 할래?"

라고 말했습니다. 엄마의 도우미 역할을 하게 된 햇살이는 엄청 열심히 자신의 임무를 수행하며 즐거움을 느꼈습니다. 햇살이뿐만 아니라 엄마도 옆에서 기저귀도 가져다주고 비누도 챙겨 주는 햇살이가 그리 싫지만은 않았습니다. 사실 이 정도의 도움을 준다면 너무나 고맙고 편하기도 합니다. 고맙고 편하다고 느끼는 순간 첫아이에게 앞으로도 계속 도우미 역할을 기대하거나 요구할 수도 있는데 이건 절대로 금지입니다. 햇살이가 엄마의 도우미로 역할을 잘하고 있지만 이것은 소꿉놀이나 인형놀이에서 아기를 돌보는 것 이상의 의미는 없습니다. 그리고 엄마가 하니까 자신도 엄마와 같이 해 보고 싶은 것일 뿐입니다. 이걸 모른 채 '역시 첫아이는 뭐가 달라도 다르네.'라고 생각하며 과한 역할을 요구하게 되면 오히려 첫아이는 자신을 심부름꾼으로 대한다며 화를 내고 불만을 토로할지도 모릅니다. 엄마 도우미 역할은 아이에게 엄마와 함께 하는 즐거운 놀이에 불과하다는 것을 꼭 기억해 주세요. 즐거운 놀이이므로 역시 마무리도 신나는 공놀이로 하였습니다.

　동생이 생기면 동생에게 해야 하는 부모의 역할이 생깁니다. 부모는 이 역할에 충실하려 노력하면서 아이 둘을 키우는 부모로서의 자리매김을 하게 됩니다. 모성도 부성도 아이와 함께 자라는 것이지 처음부터 있던 것은 절대 아니니까요. 동일한 개념으로 동생이 생겼을 때 첫아이에게도 형제, 자매, 남매로 자리매김할 수 있는 기회가 필요합니다. 그러나 절대로 억지로 형제, 자매, 남매의 역할을 줄 수도 요구할 수도 없는 것입니다. 첫아이가 형제, 자매, 남매로서의 역할을 하고자 하는 자발적 참여 의사를 밝힐 때 그 의견을 존중해 주고 첫아이도 동생도, 이 두 아이를 돌보는 부모도 불편하지 않도록 서로의 역할을 분명히 정해 두는 것이 좋습니다. 이를 통해 서로 더 친숙해지고 더 안전하게 지낼 수 있답니다.

 책 속 상담실

Q 7살 첫째는 동생을 많이 도와줍니다. 놀잇감 정리도 도와주고 침을 흘리면 침도 닦아 주고요. 그런데 동생을 도와주고 나서는 꼭 저나 아빠에게 "나 잘했지?"라고 생색을 내고 칭찬을 요구합니다. 칭찬 받으려고 일부러 동생을 도와주나 싶기도 하고 칭찬을 너무 요구하니까 싫어지기도 합니다. 어떻게 해야 할까요?

A 첫째가 동생을 돌봐주는 건 좋지만 첫째가 너무 칭찬을 바라니 어머님 입장에서는 불편할 수 있겠습니다.

1. 첫째의 마음을 먼저 이해해 줍니다.
첫째는 부모님으로부터 관심을 받고 싶은 마음이 큰 것으로 보입니다. 이 마음은 당연한 것이므로 충분히 이해해 주도록 하겠습니다.

2. 애정표현을 미리 충분히 합니다.
첫째가 애정표현을 요구하기 전에 미리 충분히 해 주는 것이 중요합니다. 애정표현을 언제 해 줘야 할지 모르겠고 잘 잊어버린다면 '만나고 헤어질 때마다' 애정표현을 한다고 생각하면 쉽습니다. 아침에 눈을 뜨고 일어날 때가 만나는 때입니다. 이때 아이를 안아 주면서 "잘 잤구나. 사랑해."라고 애정표현을 합니다. 그리고 등교를 할 때는 헤어질 때입니다. 이때는 "잘 다녀와. 사랑해. 오후에 보자."라고 애정표현을 합니다. 이와 동일하게 아이가 집으로 돌아올 때는 만나는 때, 잠자리에 들 때는 헤어질 때입니다. 이 순간을 잘 기억하고 애정표현을 해 준다면 분명히 애정표현이 충분해질 것입니다.

3. 동생을 진심으로 도와주고 싶을 때만 도와주도록 가르쳐 줍니다. 칭찬 받기 위해 하는 모든 행동은 아이에게 스트레스가 될 수 있습니다. 첫째에게 "동생을 돌보는 건 엄마 아빠가 하는 거야. 동생을 도와주고 싶을 때는 도와줘도 되지만 도와주기 싫을 때는 도와주지 않아도 돼."라고 가르쳐 주세요.

2.3.
쉬가 날아가다니!

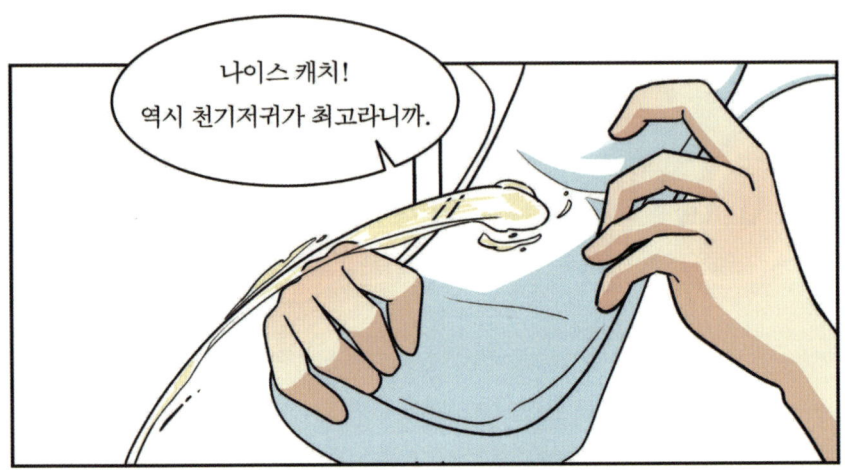

　엄마가 요술이의 기저귀를 갈려고 벗기는 순간 예쁜 포물선을 그리며 쉬가 날아왔습니다. 물론 엄마는 처음이 아니므로 아주 멋지고 간단히 천기저귀로 막아 이 상황을 수습했습니다. 이런 요술이의 묘기를 햇살이가 처음으로 보게 되었는데 햇살이의 반응이 참 재밌습니다. 처음에는 쉬가 날아가는 것에 놀라고 다음에는 자신과 다르게 생긴 성기 모양에 또 놀라고. 사실 그동안 햇살이는 어린이집과 유치원, 학교, 집에서 성교육을 받으면서 남자와 여자의 성기 모양이 다르다는 걸 알고 있었습니다. 그러나 이렇게 실제로 음경을 본 것은 이번이 처음이거든요. 그래서 햇살이가 요술이의 음경을 신기하게 생각하고 뚫어져라 쳐다보는 게 이해가 되기도 하지만 요술이에게는 분명 실례입니다. 이런 순간이 바로 성교육을 해야 하는 때입니다.

　첫아이에게 동생의 탄생은 좋은 성교육의 과정입니다. 동생이 생기고 태어나는 과정에 대해 궁금증이 생기고 부모에게 물어볼 테니까요. 게다가 태어난 동생이 자신과 다른 성별이라면 더욱 알찬 성교육이 됩니다. 어릴 때부터 자연스럽게 남녀의 다름과 사람들이 서로의 성에 대해 지켜야 할 예절, 성도덕을 익히게 되니까요.

　햇살이처럼 첫아이가 뚫어져라 동생의 음경을 쳐다볼 때 보통 불편해진 부모는 "그러는 거 아니야."라고 야단을 치듯 말하기 일쑤입니다. 이 순간 첫아이는 자신이 어떤 행동을 했는지도 모르면서 막연히 잘못했다는 생각만 하게 되고 앞으로 성에 대한 궁금함이 생겨도 묻어 두게 되어 성교육의 기회를 놓칠 수 있습니다. 그렇다고 반대로 성교육을 해야겠다고 해서 "궁금하구나. 실컷 봐."라고 하는 것도 문제가 됩니다. 동생이 아무리 어린 아기라고 하지만 다른 사람의 성기를 마음대로 보는 건 절대로 안 되니까요. 그래서 엄마는

"신기한 건 알겠는데 너무 뚫어져라 쳐다보면 요술이가 싫어할 것 같은데. ㅎ"

라고 말했습니다. 신기하고 궁금한 햇살이의 마음을 먼저 읽어 주어 햇살이와 엄마가 성에 대해 자연스럽게 이야기할 수 있는 분위기를 만들고, 그다음 다른 사람의 몸을 함부로 보면 안 된다는 성도덕을 가르치기 위해 말 못 하는 요술이의 마음을 엄마가 대신 전해 주었습니다. 그렇다고 해서 첫아이에게 동생 기저귀를 갈 때 근처에 오지도 못하게 할 필요는 없습니다. 성교육은 일상생활에서 자연스럽게 하는 게 제일 좋습니다. 그렇기 때문에 동생의 기저귀를 갈 때 자연스럽게 성기를 보고 다름을 아는 건 좋은 방법입니다. 다만 동생의 성기가 궁금하다고 해서 기저귀를 벗겨서 본다던가 만져 보는 건 절대로 안 됨을 알려 주어야 합니다. '성'은 사람들 간의 스킨십으로 공유되고, 지켜야 하는 예절이 있는데 이것이 지켜지지 않는다면 '성폭력'이 되기 때문에 서로 간의 몸의 경계는 분명히 세워야 합니다.

한 걸음 더 들어가서 남매를 키우다 보면 '언제까지 같이 목욕을 해도 될까?', '아빠가 딸을 목욕시켜도 될까?', '부모의 몸을 아이들이 자연스럽게 보면서 남녀의 다름을 알아 가는 것이 좋다는데 옷을 벗고 같이 목욕을 해도 될까?' 하는 질문이 꼬리에 꼬리를 물고 계속 생길 것입니다. 이 질문들에 대한 답을 정리하자면 유아기의 아이라면 남매나 부모와 함께 목욕을 하면서 자연스럽게 서로의 몸이 다름을 알아 가는 것이 가능합니다. 단, 아이든 부모든 한 사람이라도 함께 목욕하는 것이 부끄럽거나 과한 호기심을 보여 불편할 경우에는 함께 목욕을 하지 않는 것이 좋습니다. 그리고 초등학교에 다니는 아동기 아이라면 당연히 남녀를 구분하고 서로의 경계와 예절을 익혀야 하므로 이성의 가족과 같이 목욕하지 않는 것이 바람직합니다.

예전에 강의실에서 한 아버님이 질문을 하였습니다. 어린 두 딸이 있는데 아이들에게 성을 자연스럽게 가르쳐 주어야 한다는 목적으로 어머님이 아버님에게 두 딸과 같이 목욕을 하라고 했는데, 아버님은 자신의 몸을 보여 주는 것이 너무 거북했다고 합니다. 아버님은 자신이 너무 예민하고 문제가 있는 것이냐고 질문을 하였습니다. 어떤가요? 아버님이 예민하고 이상한 걸까요? 이런 상황이 당연히 싫을 수 있습니다. 그리고 아버님이 불편하므로 당연히 두 딸과 옷을 다 벗고 목욕을 할 필요는 없습니다. 왜냐하면 아버님의 몸은 아버님의 것이며 아버님의 의견이 무엇보다 중요하기 때문입니다.

아이들이 어릴 때부터 성에 대해 그리고 성도덕에 대해 자연스럽게 익히며 건강하게 자랄 수 있도록 가정에서부터 잘 가르쳐 주고 실천

해야 합니다. 그 시작이 '내 몸은 내 거야.'를 정확히 가르치는 것입니다. 내 몸은 나의 것이므로 다른 누군가로부터 침범을 받아서는 안 되고, 반대로 나도 다른 사람의 몸을 침범하면 안 되는 것입니다. 유아기의 가장 중요한 성교육 내용 중 하나인 이 간단하고 기본적인 성도덕만 잘 실천되어도 뉴스를 도배하는 그 많은 성범죄는 분명 사라질 텐데라는 안타까움이 생깁니다. 우리 아이들의 성이, 지금과 미래의 성이 다시 건강해지도록 가정에서부터 성에 대해 정확하고 쉽게 설명할 수 있어야 합니다. 이를 위해 부모의 편안한 마음 자세가 무엇보다 중요한 요즘입니다.

 책 속 상담실

Q 5살 딸아이가 자기도 오빠처럼 고추가 있었으면 좋겠다고 합니다. 할머니가 오빠는 고추가 있는 남자라서 자기보다 더 좋아하는 것 같다면서요. 어떻게 해야 할까요?

A 딸아이가 속이 상했나 봅니다.

1. 딸아이의 마음을 받아 줍니다.
"할머니가 고추 있는 오빠를 더 좋아하는 것 같아서 속상했구나."라고 마음을 읽고 속상함에 공감해 주세요. 마음을 다독여 준 후 대화를 할 수 있답니다.

2. 지금 그대로의 모습으로 충분히 좋음을 말해 줍니다.

"엄마는 **이가 **이라서 참 좋아."라고 말해 주세요. 사람은 무엇을 해서, 무엇을 가지고 있어서 좋은 것이 아니라 존재 자체만으로 좋은 존재임을 말해 주는 것입니다. 이 방법은 시간이 좀 많이 걸립니다. 그러나 아이가 성별에 따라 좋고 나쁨으로 구분되는 것이 아님을 알게 되면 앞으로 이와 비슷한 상황에서 스스로 생각하고 대처할 수 있게 된답니다.

2.4.
너무 돌아다녀서…

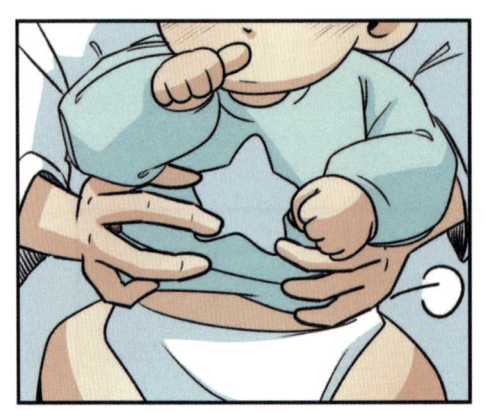

　엄마가 저녁을 준비하는 동안 햇살이에게 요술이를 부탁했는데 그만 햇살이가 요술이를 자신의 몸에 묶어 버렸네요. 족히 1시간이 넘는 그 시간 동안 햇살이가 요술이를 돌보는 건 버거운 일이었나 봅니다. 상황이 귀엽기는 한데 햇살이의 노고가 그대로 전달되어 엄마가 햇살이에게 살짝 미안해지는 순간입니다.

　아이들과 함께 있는 시간에 갑자기 부모가 무언가 해야 할 때가 있습니다. 이럴 경우 대부분의 부모는 첫아이에게 동생을 봐달라고 하게 됩니다. 그리고 이를 당연시할 때도 있습니다. 그러나 세상에 당연한 것은 없습니다. 또한 아이들을 키울 때 부모가 꼭 명심해야 하는 것이 있습니다. 바로 '첫아이 양육은 부모가', '동생 양육도 부모가' 해야 한다는 것입니다. 즉, 첫아이는 동생을 돌봐야 할 의무도 책임도 없다는 것입니다. 그러나 부모는 첫아이에게 먼저 태어났고 나이가 조금 더 많다는 이유로 동생을 돌봐야 한다는 의무를 주는 경우가 많습니다. 이는 부모의 의무와 책임을 첫아이에게 전가하게 되는 것으로 첫아이는 점점 더 동생이 부담스럽고 귀찮아질 수 있으니 주의하여야 합니다. 그리고 첫아이에게 동생을 돌보게 하면 안 되는 중요한 또 다른 이유는 바로 '안전' 때문입니다.

　한 어머님이 아이가 다쳐서 너무 속상하다며 하소연을 한 적이 있습니다. 초등학교 1학년 첫아이에게 4살 동생을 맡겨 놓고 잠시 은행에 다녀왔는데 동생이 의자에서 떨어져 다쳤다는 것입니다. 어머님은 첫아이가 동생을 돌보지 않고 혼자 텔레비전을 보고 놀았다며 첫아이에 대한 비난을 쏟아 내었습니다. 이 상황에서 잘못을 한 건 첫아이가 아니라 어머님입니다. 초등학교 1학년 아이가 4살 동생을 돌보는 건 버거운 일입니다. 이렇게 두 아이만 있다가 동생이 다치면 동생은 다쳐서 아프고, 첫아이는 자신 때문에 동생이 다쳤다는 것에 놀라고 엄마에게 야단맞을까 봐 눈치를 보고, 이를 보고 있는 어머님은 첫아이에게 화를 내는 동시에 동생을 첫아이에게 맡긴 자신을 자책하게 됩니다. 모두에게 좋지 않은 기억이 되는 것입니다.

그렇다고 해서 절대로 첫아이에게 동생을 돌보지 못하게 해야 하는 것은 아닙니다. 첫아이가 감당할 수 있는 정도에서, 의무를 주는 것이 아니라 부탁을 하면 되는 것입니다. 햇살이가 요술이를 태권도 띠로 자신의 몸에 묶은 사건 이후로 엄마는 저녁을 준비하는 시간에 요술이를 볼텐트에서 놀게 하였습니다. 그리고 햇살이에게는

"엄마가 저녁 준비하는 동안 요술이가 볼텐트에서 탈출하는지만 봐 줘."
"그리고 요술이가 탈출하려고 하면 꼭 엄마에게 알려 줘."

라고 부탁을 하였습니다. 그다음부터 햇살이는 여유롭게 자신의 시간을 보내었고 요술이도 볼텐트에서 최소한의 안전을 확보할 수 있

었습니다. 물론 요술이는 엄마를 찾으며 안아 달라고 울고 보채기 일쑤고 그때마다 햇살이는 "엄마, 요술이 울어."라고 외치고 엄마는 저녁 준비를 하다 말고 요술이를 안아 주거나 아예 요술이를 업고 저녁을 준비하는 일이 많아졌습니다.

  요술이가 조금 더 자라 잠깐씩 혼자 놀 수 있을 때까지 엄마가 힘든 건 사실입니다. 그러나 요술이도 언제까지나 어린 아기는 아니겠지요? 시간이 지나는 만큼 정확히 요술이는 자랐고 그만큼 엄마도 조금씩 편해졌습니다. 그리고 제일 중요한 변화는 햇살이에게서 나타났습니다. 햇살이는 요술이를 돌봐야 하는 의무가 없어졌고, 요술이에게 문제가 생길 것 같으면 바로 엄마에게 알려 주기만 하면 된다는 것을 알았기 때문에 요술이가 옆에 있어도 불편해하거나 귀찮아하는 것이 점점 줄어들었습니다. 그러면서 서서히 요술이를 대하는 햇살이의 태도도 부드러워지고 편해졌습니다.

  우리가 가족끼리 그 정도는 해도 된다고 당연히 요구하는 것들이 있습니다. 그러나 절대로 당연하지 않은 것들이 있습니다. 그리고 당연하다는 생각은 서운함을 데리고 와 서로의 마음에 생채기를 내기도 합니다. 당연하다고 생각하기보다는 감사하다고 생각하고, 요구하는 말보다는 부탁하는 말이 좋겠습니다.

Q 동생에 대해 부모에게 계속 알리라고 하는 건 부모가 아이에게 고자질을 시키는 게 아닐까요?

A 의도하지 않게 고자질을 시키는 모양새가 될까 봐 걱정되는군요. 그렇지 않답니다.

1. 고자질과 알림은 다릅니다.
고자질은 자신이 관심을 받고 싶거나, 상대의 잘못을 들춰내기 위한 목적으로 하는 행동입니다. 그러나 특정 상황에 대해 말해 달라고 하는 것은 고자질이 아니라 '알림'입니다.

2. 알려야 하는 특정한 상황을 구체적으로 말해 줍니다.
부모에게 어떤 상황을 알려야 하는지 아이가 모른다면 모든 일상을 다 알리게 됩니다. 결국 불필요한 것까지 알리다 보면 고자질이 되어 버릴 수 있습니다. 그래서 부모에게 알려야 하는 특정한 상황을 정확히 말해 주어 일상의 다른 상황까지 모두 알려 고자질이 되지 않도록 해 주는 것이 중요합니다.

2.5.
힘드네. 이제 그만

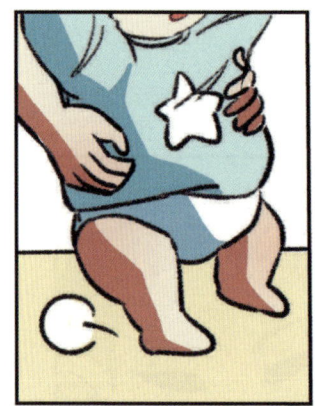

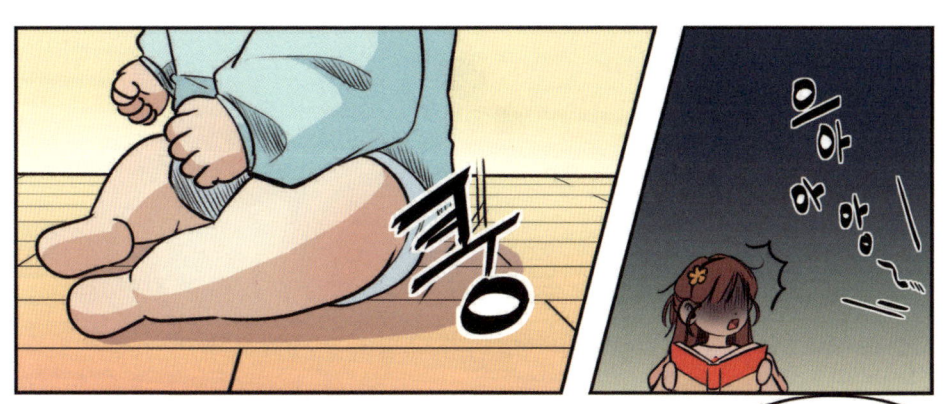

오늘 햇살이는 요술이와 즐거운 한때를 보냈습니다. 분명 같이 노는 것으로 시작했으나 점점 햇살이가 요술이를 데리고 놀더니 급기야 요술이를 가지고 놀 듯 놀이가 끝나 버렸습니다. 이 상황에 빠르게 대처하지 못하는 요술이는 그저 누나와 더 놀고 싶었을 뿐이었는데 누나를 방해하는 듯이 상황이 흘러가 버렸습니다. 결국 햇살이의 손에 밀쳐진 요술이가 울음을 터뜨렸고, 햇살이는 엄마에게 야단을 맞을까 봐 눈치를 보게 되었습니다. 보통 아이들이 잘 놀 때는 부모가 개입을 하지 않다가 동생이 우는 순간 개입을 하는 경우가 많지요? 그리고 동생이 울면 대부분의 부모가 상황을 파악하기에 앞서 첫아이에게 주의를 주는 경우가 많습니다. 그래서 늘 첫아이는 자신의 잘못보다는 자신의 억울함에 집중하게 되어 부모도 동생도 미워하게 됩니다.

왜 부모들은 상황을 파악하기보다 첫아이에게 주의를 먼저 주게 될까요? 사실 부모는 늘 반복되는 일상이라 꼭 눈으로 보고 말로 묻고 귀로 듣지 않아도 대부분의 상황에 대해 이미 파악이 되어 있습니다. 또한 첫아이는 동생보다 나이가 많으니까 당연히 동생을 어떻게 대해야 하는지 알고 있다는 전제하에 '알면서 왜 그럴까?' 정도로 부모가 미리 생각을 재단해 뒀기 때문입니다. 그런데 중요한 건 첫아이도 어리다는 것입니다. 물론 동생과 나이 차가 10살 이상이라면 어리지 않다고 생각할 수도 있습니다. 그러나 나이가 아무리 많이 차이가 난다고 해도 첫아이가 이모, 삼촌이 되는 것은 아닙니다. 그저 동급의 자녀일 뿐입니다. 따라서 나이와는 상관없이 자녀로만 대하는 연습이 필요합니다.

다행히 엄마는 햇살이와 요술이의 놀이를 지켜보고 있어서 햇살이가 요술이를 괴롭히려고 한 행동이 아님을 알고 있었습니다. 하지만 동생이 우는 상황에서 당당한 첫아이는 별로 없습니다. 그래서 햇살이는 자신도 모르게 엄마를 보는 순간 눈치를 보기 시작했고 이런 햇살이의 심장은 분명 쿵쾅거리고 있었을 것입니다. 그런데 야단을 맞을 거라는 예상과는 다르게 엄마가

"햇살이 실수했구나."

라고 말했습니다. 이 순간 햇살이는 '실수한 아이'가 되었고 긴장도 풀렸습니다. 실수했으므로 제대로 할 수 있도록 엄마가 가르쳐 주었고 햇살이는 쿨하게 자신의 실수를 인정하게 되었습니다.

만약 이런 상황에서 부모가 첫아이에게 "동생을 왜 밀고 그래?"라고 했다면 첫아이는 '동생을 미는 나쁜 아이'가 됩니다. 자신이 나쁜 아이가 아님을 증명해야 하는 첫아이는 동생의 잘못에 대해 그리고 자신의 억울함에 대해 구구절절이 이야기할 것입니다. 이 순간 부모는 반성을 하지 않는 첫아이에게 한 번 더 야단을 치게 됩니다. 결과

적으로 첫아이는 '엄마는 나만 미워해. 동생 정말 싫어.'라는 '기승전 동생싫어'라는 생각을 반복하게 됩니다.

혹여 정말 첫아이가 동생을 나쁜 마음으로 밀어 버렸다고 해도 덮어 놓고 야단부터 치지는 않아야겠습니다. 이유가 없는 행동은 없으니까요. 이런 상황이라면 우는 동생을 부모가 안고 달래 주면서 첫아이에게 "무슨 일이니?"라고 물어보면 됩니다. 그리고 첫아이의 이유 혹은 변명을 들은 후라도 야단치거나 잘잘못을 따져 물으며 시시비비를 가리기보다는 잘못에 대해 간단히 설명을 해 주고 어떻게 행동하는 것이 좋은지 알려 주는 것이 바람직합니다. 훈육은 못 하게 하는 것도, 야단을 치는 것도 아닌, 제대로 할 수 있도록 가르치는 것이니까요.

아이는 배우며 자라는 중입니다. 당연히 크고 작은 실수가 정말 많습니다. 실수를 실수로 인정하고 제대로 할 수 있도록 가르쳐 준다면 분명 다음에 동일한 상황이 발생했을 때 올바른 행동을 하게 됩니다. 그런데 덮어 놓고 야단부터 치게 되면 아이는 '나쁜 아이'로 자신을 인지하게 되어 자존감이 낮아지고 올바른 행동을 배울 기회가 없어져 다음번에도 같은 실수를 반복하게 됩니다. 잘못을 지적하기보다는 실수를 인정해 주고 더 좋은 행동을 알려 주면 좋겠습니다. 그리고 첫아이도 나의 어린 자녀라는 것을 꼭 기억하고 너무 많은 기대를 하지는 않아야겠습니다. 기대했다가 실망하면 부모도 속이 상하니까요.

Q 처음으로 잘못을 했을 때는 실수라고 인정도 되고 훈육도 할 수 있습니다. 그런데 실수가 반복되니 답답해 화도 나고 자꾸만 예전 일까지 들먹이며 아이를 야단치게 됩니다. 이러면 안 되는 거죠?

A 부모도 당연히 반복되는 상황에 힘이 듭니다.

1. 훈육을 할 때에는 '지금, 여기'에 집중해야 합니다.
훈육을 할 때 아이의 지난 잘못을 다시 이야기하면 아이는 기분이 상해 부모의 말을 들으려 하지 않습니다. 부모도 과거의 일까지 소환하여 2배로 화를 내게 되기도 합니다. 따라서 훈육을 할 때에는 과거 소환 금지, 지금 여기에 집중해서 지금의 문제에 대해서만 훈육을 하는 것이 좋습니다.

2. 습관이 될 때까지 반복적으로 훈육을 해야 합니다.
몇 번 훈육을 했지만 행동이 바뀌지 않는 건 아직 습관이 안 되어 자기도 모르게 실수를 하는 것입니다. 습관이 될 때까지 훈육을 반복하는 것이 매우 중요합니다.

2.6.
내 놀잇감을 너에게 물려주마

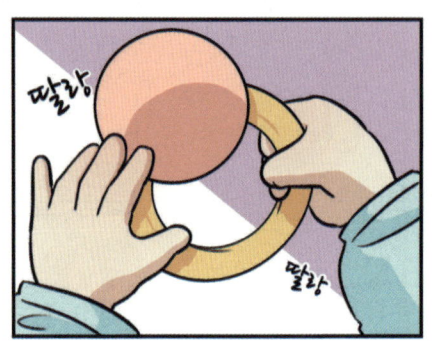

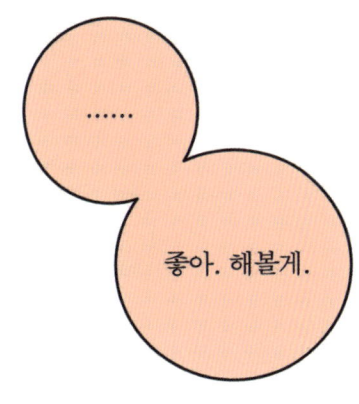

요술이가 기어 다니고 서서 한두 걸음씩 걷기 시작하면서 행동반경이 넓어졌습니다. 그만큼 호기심도 많이 생겼고 자연스럽게 햇살이를 침범하는 일도 생기기 시작하였습니다. 처음에 햇살이는 자기가 예전에 가지고 놀던 딸랑이를 요술이가 가지려고 하면 못 가지게 하더니 이제는 요술이가 가지려 하는 모든 물건을 다 뺏기 시작했습니다. 당연히 집 안에는 햇살이의 "내 거야."라는 외침과 메아리처럼 따라오는 요술이의 울음소리가 가득 찼습니다. 더불어 엄마의 정신도 함께 아득해질 때가 점점 더 많아졌습니다.

　이럴 경우 첫아이가 참 얄밉게 느껴지기도 합니다. 그런데 다르게 생각해 보면 지금은 가지고 놀지 않지만 분명 자기 것이었던 놀잇감을 허락도 없이 동생이 가지고 놀려고 하면 싫을 수도 있겠다는 생각이 듭니다. 그런데 관심도 없던 물건까지 동생이 손도 못 대게 하는 건 좀 심하다는 생각이 듭니다. 이런 첫아이의 행동에 그림자처럼 따라다니는 것이 바로 "가지고 놀지도 않으면서. 동생 좀 줘."라는 부모의 말입니다. 그럼 또 첫아이의 '기승전동생싫어'가 되돌이표처럼 반복될 테고, 생각해 보면 참 지겨운 일상입니다. 이런 지겨운 일상을 끊어 내기 위해 엄마는

"햇살아! 햇살이가 쓰지 않는 놀잇감을 정리해서 요술이에게 주는 건 어때?"

라고 '놀잇감 물려주기 의식'을 제안하였습니다.

놀잇감 물려주기는 첫아이가 자신의 것이었으나 더 이상 가지고 놀지 않아 동생에게 주어도 되는 것을 상자에 담아 그 소유권을 동생에게 넘겨주는 것입니다. 물론 첫아이가 절대로 주고 싶지 않은 것은 물려주기를 해서는 안 됩니다. 다행히 엄마와 햇살이의 합의가 잘 이루어져 놀잇감 물려주기 의식이 무사히 진행되었습니다.

놀잇감 물려주기 의식은 놀잇감의 소유를 정확히 구분해 주어 아이들 간에 더 이상의 '내 거야.'라는 분쟁이 없도록 하기 위함입니다. 이를 위해서는 첫아이의 동의가 필요하고 반드시 첫아이의 자유의사에 따라 물려줄 놀잇감을 선택해야 한다는 것입니다. 절대로 부모의 회유와 설득이 첨가되어서는 안 된다는 것, 꼭 기억해야 합니다. 놀잇감 물려주기 의식은 그 자체로도 중요하지만 앞으로 어떻게 놀잇감을 소유하느냐 하는 것도 중요합니다. 첫아이가 동생에게 놀잇감을 물려주기는 하였으나 여전히 자기 거라고 계속 소유권을 주장하며 동생이 가지고 놀지 못하게 하면 안 되니까요. 그리고 동생은 물려받지도 않은 놀잇감을 가지고 놀려고 하면 안 되니까요.

이제 요술이는 자기 놀잇감이 생겼으니 자기 놀잇감을 가지고 놀아야 합니다. 그 외 햇살이의 놀잇감을 가지고 놀려고 하면 햇살이가 요술이에게 "이건 내 거야. 넌 네 놀잇감 가지고 놀아야 돼."라고 말하도록 지도하면 됩니다. 그러나 어린 요술이가 순순히 그 말을 들을 리는 없고 울게 될 것입니다. 이때 부모는 요술이에게 "그건 누나 거야. 요술이는 요술이 거 가지고 놀자."라고 요술이를 가르쳐야 합니다. 그리고 요술이가 조금 더 자라 말을 하게 되면 "가지고 놀고 싶으면 누나한테 빌려달라고 하는 거야."라고 가르쳐 주어야 합니다. 절대로 햇살이에게 양보를 강요하면 안 됩니다. 이런 과정을 여러 달 동안 반복하게 되면 더 이상 요술이가 햇살이의 놀잇감을 함부로 가지고 노는 일은 없어지게 됩니다. 반대로 햇살이도 요술이의 놀잇감을 가지고 놀고 싶다면 "이거 빌려줄래?"라고 말하고 요술이가 빌려줄 때 가지고 놀 수 있습니다.

한 걸음 더 들어가 쿠션과 같은 주인이 없는 가족 공동의 물건들에 대해서는 어떻게 해야 하나 고민이 들지요? 이럴 때에는 "먼저 가지고 논 사람이 다 놀고 나면 다음 사람이 가지고 노는 거야."라고 순서를 정해 주고 지키도록 지도하면 됩니다.

그런데 가만히 생각해 보면 놀잇감을 사이좋게 가지고 놀면 되지 꼭 이렇게 소유권을 구분해 주고 서로 빌려달라고 하고 기다려야 하나 싶은 생각이 들기도 합니다. 참 인정머리가 없는 것 같지요? 그러나 이건 부모의 생각일 뿐입니다. 첫아이의 입장으로 들어가 보면 늘 동생에게 자기 놀잇감을 뺏겼으니 동생으로부터 침범을 받았다고 생각하게 되는데 이렇게 구분을 해 주면 더 이상 침범을 받지 않아도 되니 안정감을 느끼게 됩니다. 따라서 아이의 입장에서는 내 것을 보호받는 '존중'으로 느껴집니다. 그리고 내가 존중받는 만큼 당연히 타인도 존중해야 한다는 것을 배우게 됩니다. 그래서 오히려 "지금은 내가 가지고 놀고 있어. 놀고 줄게. 기다려."라고 자신의 권리를 잘 챙기면서도 동생을 잘 배려할 수 있게 됩니다. 또한 이러한 행동은 동생과의 관계를 넘어 친구와의 관계에서도 나타나 사회성 좋은 아이로 자라게 됩니다. 소유권 구분을 통해 서로 존중하고 배려할 수 있게 도와주세요.

 책 속 상담실

Q 아이들이 물건 하나를 두고 서로 자기가 먼저 가졌다고 주장을 합니다. 결국은 제가 화를 내며 둘 다 가지고 놀지 못하게 하는 일이 많습니다. 평화롭게 해결하는 방법이 없을까요?

A 아이들의 반복된 다툼에 지칠 만도 합니다. 부모가 힘든 건 해결을 하려고 하기 때문입니다. 이제는 아이들이 해결하도록 방법을 알려 주도록 하겠습니다.

1. 아이들의 감정을 읽고 진정하도록 도와줍니다.
아이들이 서로 자기가 먼저 가졌다고 말하며 흥분한 상태라면 부모의 어떤 말도 아이들에게 전달되지 않습니다. 이럴 때에는 "둘 다 먼저 가졌다고 생각하는구나."라고 인정해 주세요. 그리고 "지금은 둘 다 화가 나서 대화가 어려우니 화 풀고 다시 이야기하자."라고 말해 주고 아이들을 분리해 줍니다.

2. 다툼의 원인이 된 물건은 부모가 가지고 있어야 합니다.

아이들을 분리할 때 다툼의 원인이 되었던 물건은 반드시 부모가 가지고 있어야 합니다. 그렇지 않으면 아이들의 다툼은 계속되고, 물건을 가지고 있는 아이는 절대로 다른 해결방법을 찾으려고 하지 않기 때문입니다.

3. 아이들이 해결책을 찾아오도록 시간을 줍니다.

부모가 문제를 해결해 주면 아이들은 부모의 해결책에 대해 서로 불만을 가질 수 있습니다. 그래서 아이들이 물건을 어떻게 가지고 놀 것인지에 대해 해결책을 가지고 올 때까지 부모는 기다려 주어야 하고 아이들이 해결책을 가지고 오면 부모가 물건을 돌려주면 됩니다. 그리고 아이들이 해결책을 잘 실천하고 있는지 살펴보아야 합니다.

2.7.
특단의 조치가 필요하군

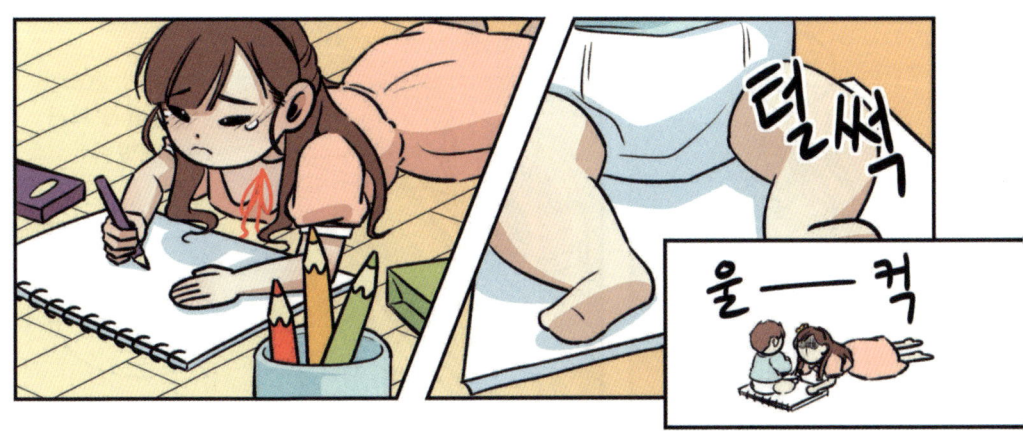

요술이의 울음소리는 늘 들려오는 배경음악 같은 거라 그냥 가서 살펴보게 되는데 오늘은 햇살이의 울음소리가 들려 엄마가 깜짝 놀라고 말았습니다. 햇살이는 찢어진 책을 들고 울고 있고, 요술이는 책 조각을 오물오물 씹고 있고. 엄마는 오늘도 진땀을 흘리고 있습니다.

　이런 상황에서 흔한 부모의 반응은 무엇일까요? 아마 동생의 입에서 책 조각을 꺼내 주며 "뱉어. 왜 먹었어?"라고 화를 내고, 첫아이에게는 "책 정리 안 하고 뭐 했어?"라고 또 화를 내기 일쑤입니다. 부모는 진짜 화가 난 걸까요? 아마도 아닐 것입니다. 분명 엄마는 첫아이의 울음소리에 놀라고, 책을 먹어 버린 동생이 걱정되고, 찢어진 책을 들고 속상해하는 첫아이에게 안타까운 마음이 들었을 것입니다. 그런데 왜 마음과는 다르게 화를 낼까요? 감정이라는 게 한순간에 하나씩만 생기는 것이 아니기 때문입니다. 부모는 놀람, 걱정, 안타까움과 함께 이 상황을 막지 못한 자신에 대한 자책과 해결해야 한다는 힘듦을 느끼게 되는데 이런 감정이 뒤섞여 그만 '화'라는 감정으로 뭉뚱그려져 표현되었기 때문입니다. 그래서 화가 자주 날 때에는 진짜 화가 나서 화를 내는 건지, 다른 감정들이 화로 표현되는 건지 잘 살펴보아야 합니다. 그런 후 진짜 감정을 찾아 그에 맞게 행동해야 보다 쉽게 상황을 정리하고 해결할 수 있습니다. 다행히 엄마는 자신의 진짜 마

음을 담아 화를 내지 않으며

"햇살아, 엄마가 책 다시 붙여 볼게."
"요술아, 안 돼."

라고 말하고 상황을 정리하였습니다.

그럼 이게 끝일까요? 끝이면 좋겠지만 앞으로 이런 일은 더 많이 생길 수 있습니다. 그래서 엄마는 햇살이에게 중요한 일은 방에서 하도록 특단의 조치를 내렸습니다. 부모가 동생을 잘 돌보아서 다시는 동생이 첫아이를 방해하는 일이 없도록 할 수 있다면 참 좋겠지만 점점 자라면서 호기심과 움직임이 많아질 동생을 첫아이로부터 완벽하게 분리하는 건 사실 불가능한 일입니다. 그래서 부모가 동생으로부터 첫아이를 분리하여 보호하는 것도 중요하지만 조금 더 근본적인 해결책으로는 첫아이가 동생으로부터 자신이 방해받지 않도록 스스로 예방을 하는 것이 중요합니다. 애초에 문제가 될 만한 상황을 만들지 않는 것입니다. 그리고 첫아이가 자기 방에서 중요한 활동을 하도록 하기 위해서는 첫아이의 동의가 꼭 필요합니다. 만약 동의 없이 방에서 하라고 하면 마치 부모가 첫아이를 방에 가둬 버리는 것처럼 보일 수 있기 때문입니다.

아이들을 키우다 보면 늘 같은 문제가 반복됩니다. 그래서 아이를 키우는 게 그렇게 힘든 것입니다. 안 힘들면 좋겠지만 그럴 수는 없으니 이제부터는 덜 힘들도록 예상되는 문제 상황에 대해 사전에 미리 대비를 해 두는 것이 좋겠습니다. 언제나 대처보다 예방이 중요하답니다.

 책 속 상담실

Q 초등학교에 다니는 아이 둘을 키우고 있습니다. 각자의 물건을 각자의 방에 보관하도록 했는데 여전히 집 안 여기저기에 물건들이 놓여 있고 서로 만지기라도 하면 다툼이 생깁니다. 어떻게 해야 할까요?

A 방을 만들어 주긴 했는데 여전히 서로의 물건 때문에 집 안이 시끌시끌하군요. 물건을 보관하는 방법을 다시 가르쳐 주면 됩니다.

1. 정해진 시간에 정리하도록 지도합니다.
정리를 하는 습관은 오랜 시간에 걸쳐 만들어지는 것이므로 매일 정해진 시간에 꾸준히 정리를 하도록 도와주세요. 습관이 되면 분명 잘하게 된답니다.

2. 물건 때문에 속상해할 때에는 감정은 다독여 주고 행동은 고쳐 줍니다.
내 물건을 다른 형제가 만져서 속상함을 표현할 때에는 "속상하겠구나."라고 먼저 마음을 다독여 주세요. 그런 후 "만지면 안 되는 물건은 방에 정리해 두자."라고 올바른 행동을 가르쳐 주면 됩니다. 이때 절대로 해서는 안 되는 말은 "그러게 정리하라고 했잖아.", "정리도 안 하고 왜 불만이야?"라고 야단부터 치는 것입니다. 이런 야단치는 말은 부모의 화만 돋울 뿐 절대로 아이가 해야 하는 바른 행동을 하게 하지는 않습니다. 야단치기보다는 잘 가르쳐 주는 것이 훈육이니 다시 한번 잘 가르쳐 주세요.

2.8.
누나가 허락할 때만 들어가는 거야

되돌이표 같이 반복되는 일상.
그 덕에 요술이는 누나가 허락할 때만
누나 방에 들어갈 수 있다는 것을 알게 되었다.

요술이가 햇살이의 방문 앞에서 우는 일이 많아지고 있습니다. 요술이 눈에 비친 누나 햇살이의 방은 신기방기한가 봅니다. 처음 보는 물건도 많고, 만져 보고 싶은 물건도 많고, 못 들어가게 하니 더 들어가고 싶은 마음이 생기는 건 어쩌면 당연한 것인지도 모르겠습니다. 그러나 저 방은 엄연히 누나 햇살이의 방이고, 햇살이의 중요한 일을 방에서 하기로 했고, 요술이가 햇살이의 방에 들어가지 못하도록 엄마가 막아 주겠다고 약속했으니 요술이가 방에 들어가고 싶다고 울더라도 햇살이의 방문을 열어 줄 수는 없습니다.

　흔히 이런 경우 부모는 동생의 울음을 빨리 그치게 하기 위해 첫아이에게 "동생 좀 놀게 해 줘. 한 번만."이라며 첫아이와 한 약속을 어기는 경우도 있고, 첫아이가 집에 없을 때 몰래 동생이 첫아이의 방에 들어가서 노는 것을 허락하기도 합니다. 이렇게 되면 첫아이는 부모가 자신과 한 약속을 지키지 않았으므로 부모에 대한 신뢰가 깨지고, 자신도 부모와 한 약속을 지키지 않아도 된다고 생각하게 됩니다. 그리고 동생은 자기가 떼를 쓰면 원하는 것을 얻을 수 있다고 생각해 더욱 떼가 심해지고, 부모가 자기편이라고 생각해 더욱 첫아이를 무시하게 됩니다. 결국 첫아이는 스스로 자신의 것을 지키기 위해 동생을 더욱 경계하게 되어 첫아이와 동생의 관계는 더 불편해집니다. 그래

서 엄마는 원칙대로 요술이에게

"요술아! 누나가 지금은 안 된대."
"엄마랑 거실에서 놀자."

라고 말하고 요술이를 거실로 데리고 왔습니다. 이런 상황에서는 부모가 몇 번이라도 똑같이 대처를 해야 아이들의 행동 습관이 만들어집니다. 만약 한 번이라도 부모가 약속한 것과 다르게 대처하게 되면 그동안의 공든 탑이 무너질 수 있으니 절대로 약속을 어기며 몰래 허락하는 일은 없어야 합니다.

되돌이표가 있는 듯이 수없이 반복되는 햇살이와 요술이의 방문 앞 대전에 어느 날 변화가 생겼습니다. 요술이가 방에 들어가고 싶다고 문을 두드렸을 때 햇살이가 침대에서만 놀도록 허락을 한 것입니다. 처음에는 무조건 안 된다고 하던 햇살이가 자기에게 방해가 되지 않는 선에서 허락을 한 것입니다. 이렇게 아이는 자신의 권리가 보호되면 마음이 너그러워집니다. 그리고 자신과 동생이 같은 방에서 공생할 수 있는 방법을 찾아 제시하게 됩니다. 이때 중요한 것은 동생도 첫아이의 말을 수용하고 그에 맞게 행동해야 한다는 것입니다. 다행히 그동안 반복되는 일상을 통해 누나 햇살이의 방을 사용하는 방법에 대해 알게 된 요술이가 햇살이의 제안을 잘 받아들였습니다.

그러던 어느 날 햇살이가 등교를 했을 때 엄마가 햇살이 방을 청소하러 들어갔더니 요술이가 엄마에게

"누나 방은 누나가 허락할 때만 들어가는 거야."

라고 깜찍한 반격을 하였습니다. 정말로 요술이가 누나 방에 들어가는 방법과 예의를 알게 되었나 봅니다. 아이 둘을 키우는 부모에게 두 아이는 분명 한 세트의 개념이고 같은 카테고리에 있습니다. 그래서 마치 한 몸처럼 생각하여 경계 없이 키우는 경우가 많습니다. 그러나 분명 첫아이와 동생은 다른 아이입니다. 따라서 다르게 생각하고 다르게 대해야 함을 부모가 인지하고 한 명, 한 명의 마음을 살피고 공간에 대한 경계를 세워 주는 것이 두 아이의 행복한 동행을 돕는 지름길 입니다.

 책 속 상담실

Q 저는 딸 쌍둥이를 키우고 있습니다. 둘 다 딸이다 보니 방을 같이 쓰게 했는데 만날 자리 싸움을 합니다. 그렇다고 해서 갑자기 더 큰 집으로 이사를 갈 수도 없고 어떻게 해야 할까요?

A 흔히 있는 일입니다. 함께 해결해 보겠습니다.

1. 공간을 분리해 줍니다.
같은 방을 쓴다고 해도 공간은 충분히 분리할 수 있습니다. 바로 책상을 따로 쓴다거나 이불을 따로 쓰는 것입니다. 공간이 정확히 눈에 보이게 분리가 되니 침범하는 일도 줄어들게 됩니다.

2. 자기 공간에 대한 정리를 잘 하도록 지도합니다.
자기의 공간이 지저분할 경우 다른 가족의 깨끗한 공간을 침범하여 사용하는 경우가 있습니다. 각자의 공간에 대해 정리를 잘해서 다른 가족에게 불편함을 주지 않도록 해 주어야 합니다.

3

놀이!
멋진 승부를 해요

3.1.

요술아, 너 깍두기 해

  오늘은 햇살이와 엄마가 공기놀이를 하고 있습니다. 옆에서 멀뚱멀뚱 지켜보던 요술이는 누나와 엄마가 하는 게 뭔지도 모르고 어떻게 하는 건지도 모르지만 일단 같이 놀고 싶은 마음이 들었습니다. 그런데 같이 놀고 싶다는 요술이에게 햇살이가 딱 잘라 못 한다고, 안 된다고 말해 버려 요술이가 또 울음을 터뜨렸습니다. 이럴 경우 흔히 부모는 첫아이에게 "동생도 하고 싶어서 그러는데 울리면 되겠어?"라고 야단을 치기도 하고, 동생에게는 "어려워. 넌 못 해."라고 안 된다는 말을 반복해 더 울리기도 하고, 두 아이 모두에게 "이럴 거면 하지 마."라고 놀이를 중단시켜 버리기도 합니다. 재밌으려고 시작한 놀이가 이렇게 끝나 버리면 너무나 속상하겠지요? 그래서 엄마는

  "요술이 깍두기 하자."

라고 말했습니다.
  '깍두기' 다들 기억나지요? 오래전 우리가 아이였던 시절 발달이 느리거나 나이가 어려 잘 어울리지 못하는 친구가 있을 때, 짝이 맞지 않아 한 친구가 놀이를 하기 어려울 때 우린 절대로 그 친구를 그냥 놀이에서 빼 버리지 않았습니다. 함께 놀기는 하지만 승패에는 영향

을 주지 않는 '깍두기'를 통해서 말이지요. 누구도 소외되지 않고 다 같이 놀 수 있는 너무 좋은 놀이문화인데요, 오늘 엄마가 그 깍두기를 요술이에게 하도록 해 주었습니다. 요술이가 깍두기가 되면 요술이는 놀이를 할 수 있다는 것만으로도 마냥 좋고, 햇살이도 자칫 요술이 때문에 못 할 뻔한 놀이를 할 수 있어서 좋고, 엄마도 한 자리에서 두 아이와 평화롭게 시간을 보낼 수 있으니 분명 '일석삼조'입니다. 그리고 이런 과정을 통해 사람에 대한 배려의 마음도 가지게 될 수 있어 어쩌면 '일석사조'일지도 모르겠습니다.

아이들을 키우다 보면 이런 일이 허다합니다. 아이들이 쌍둥이가 아닌 이상 연령이 다르고 연령이 다르다는 건 신체 발달을 비롯하여 인지 발달과 언어 발달의 정도가 다르다는 걸 의미하기 때문에 동생은 하기 어려운 놀이가 있을 수 있습니다. 아이들의 연령 차이가 있을 경우에는 규칙이 있는 놀이보다는 놀이터에서 미끄럼을 타거나 그네를 타는 것처럼 몸을 자유롭게 움직이며 재미를 느낄 수 있는 놀이가 더 좋습니다. 규칙이 없으니 동생이 의도치 않게 놀이를 방해하는 일도 없고, 첫아이도 실수를 하는 동생 때문에 답답해할 일도 없으니까요. 그리고 아이들이 놀이를 하며 어울리다 보면 서로가 할 수 있는 것과 하지 못하는 것을 알게 되어 둘만의 놀이방법을 만들 수도 있습니다. 더불어 몸으로 뛰어노는 신체놀이는 쉽고 재미있다는 것 외에도 에너지를 발산하고 자연스러운 스킨십을 통해 정서적 친밀감도 향상시킬 수 있는 장점도 있습니다.

그런데 놀다 보면 예기치 못한 상황이 발생하기도 합니다. 그 첫 번째 상황은 첫아이가 동생이 할 수 없는 고난도의 위험한 행동을 놀이를 가장해서 하는 것입니다. 즉, 철봉에 매달리거나 높은 곳에서 뛰어내리기 등을 하며 동생에게 못한다고 핀잔을 주거나 놀리기도 하고, 약이 오른 혹은 뭘 잘 모르는 동생이 따라 해 다치는 일이 발생하기도 합니다. 이럴 경우 부모는 흔히 첫아이에게 "동생 따라 하니까 하지 마."라고 말하고, 동생에게는 "위험해. 하지 마."라고 말하며 노는 내내 금지어를 남발하게 됩니다. 이런 부모의 말을 들은 첫아이는 마치 동생 때문에 자기가 놀이를 하지 못하게 되는 것처럼 생각하게 되어 억울한 마음이 들게 됩니다. 그리고 동생은 계속 놀이를 금지당해 답답하고 재미없다고 느끼게 됩니다. 그래서 부모는 첫아이에게 "철봉에서 노는 걸 동생에게 보여 줘도 돼. 그런데 동생에게 못한다고 놀리는 건 안 돼."라고 말해 주고, 동생에게는 "너도 철봉에 매달리고 싶구나. 철봉 놀이는 혼자 매달릴 수 있을 때 하는 거야. 좀 더 크면 하자."라고 못한다고, 위험하니 하지 말라고 말하는 것이 아니라 언제 할 수 있는지를 알려 주는 것입니다. 이런 과정을 통해 아이들은 안전하게 놀이를 하는 방법을 자연스럽게 배우게 됩니다.

두 번째 예기치 못한 상황은 첫아이와 동생이 놀던 중에 첫아이가 친구를 만나는 것입니다. 첫아이는 당연히 친구와 놀고 싶어 동생은 생각지도 않고 친구에게 달려가 버리게 됩니다. 이럴 경우 부모의 흔한 반응은 첫아이에게 동생을 데리고 친구와 같이 놀라고 하는 것입니다. 이렇게 되면 첫아이는 동생 때문에 친구와의 놀이를 방해받는다고 생각할 수 있고, 동생은 형이나 누나가 늘 자신과 놀아야 하는 사람으로 생각하며 같이 놀지 않을 때 마음이 상하게 됩니다. 조금 힘들더라도 이런 경우라면 첫아이는 친구와 놀고, 동생은 부모와 노는 것이 좋겠습니다. 동생을 돌보는 것은 부모의 의무이지 첫아이의 의무는 아니니까요.

책 속 상담실

Q 저희 집은 거꾸로예요. 초등학교 다니는 첫째가 동생이나 동생 친구들과 어울려 놀려고 해요. 문제가 있는 거 아닌가요?

A 첫아이가 동생들과 놀려고 해서 걱정이 되는군요.

1. 첫째의 친구관계를 먼저 살펴봅니다.
초등학생 시기인 아동기는 우정이 깊어지면서 친구를 중요하게 생각하게 됩니다. 당연히 동생보다는 또래 친구와 노는 것이 더 신나고 재밌습니다. 그런데 계속 동생이나 동생 친구들과 놀려고 한다면 아이가 자신의 친구들과 잘 어울리지 못하고 있을 수 있습니다. 아이의 친구관계를 살펴보고 도움을 줄 필요가 있겠습니다.

2. 부모님과 첫째의 관계를 살펴봅니다.
가끔 부모에게 칭찬받고 싶고, 더 사랑받고 싶어서 동생을 과하게 돌보는 행동을 하는 첫째가 있습니다. 평소 부모님이 첫째와 관계가 소원하지는 않았는지, 동생을 돌보는 것에 대한 칭찬을 과하게 하지는 않았는지 살펴봐 주세요.

3.2.
내 건 다 했어

    저녁 먹기 전. 신나게 놀았으니 이제 슬슬 정리를 할 시간이 되었습니다. 햇살이와 요술이의 놀잇감 정리 시간은 저녁 먹기 전으로 정해져 있거든요. 엄마가 정리를 하자고 하자 햇살이는 자기가 논 것만 정리를 하고는 다 했다며 당당함을 뽐내고 있습니다. 반면 아직 어린 요술이는 노는 건지 정리를 하는 건지 알 수 없는 상태로 주변을 두리번거리고 있습니다. 당연히 집은 아직도 정리가 다 안 된 상태입니다. 피곤한 엄마를 생각해서라도 햇살이가 누나의 위용을 뽐내며 요술이가 가지고 논 것도 좀 정리해 주면 좋으련만 현실과 이상의 괴리가 너무나 큽니다.

    이럴 경우 부모는 흔히 첫아이에게 "동생 것도 좀 정리해 줘."라고 동생이 가지고 논 놀잇감을 대신 정리해 달라고 부탁을 하거나, "누나가 돼서 동생 거 정리도 못 해?"라고 야단을 치게 됩니다. 이럴 경우 첫아이는 정리를 시키는 엄마와 정리를 못 하는 동생까지 모두 미워지게 됩니다. 그리고 동생은 '아~ 누나가 정리해 주는 거구나. 난 안 해도 되는구나.'라고 생각하기 쉬워 정리하는 습관을 가지기 어려워집니다. 그래서 엄마는

    "요술아, 엄마랑 같이 정리하자."

라고 말하고 요술이가 가지고 논 놀잇감을 같이 정리했습니다. 생각해 보면 물건을 사용한 사람이 정리를 하는 건 너무나 당연한 일이지요? 놀잇감도 마찬가지랍니다. 따라서 요술이가 가지고 논 놀잇감을 햇살이가 정리를 하지 않는 것이 문제가 아니라 아직 어린 요술이가 자기 놀잇감을 정리하지 못하는 게 문제입니다. 그러니 햇살이에게 정리를 도와주라고 하는 것이 아니라 요술이가 정리를 할 수 있도록 가르치는 것이 올바른 방법입니다.

그리고 첫아이에게 동생을 도와주는 것에 대한 의무를 지우지 않을 때 첫아이는 오히려 마음이 가벼워 언젠가 동생을 더욱 배려하고 도와주는 마음이 생기기도 하니 첫아이로서의 역할을 강요하고 강조하기보다는 자신의 할 일만 잘하도록 배려해 주는 것이 좋겠습니다.

놀잇감을 정리할 때 누가 정리를 하는지도 중요하지만 언제 정리를 하는지도 중요합니다. 놀이의 마무리가 정리이기 때문입니다. 그런데 정리를 놀이의 마무리라고 생각하는 부모는 별로 없는 것 같습니다. 그러니 아이가 놀이를 하는 중에 정리를 시키는 것이겠지요. 아이는 놀이를 할 때 인형만 가지고 놀고, 자동차만 가지고 놀고, 이렇게 한 번에 한 가지 놀잇감만 가지고 놀이를 하는 것이 아닙니다. 인형을 가지고 놀다가 자동차를 가지고 와서 인형을 태워 주기도 하고 옆에 있는 블록을 쌓아서 인형집을 만들어 주기도 합니다. 이렇게 놀이의 세계가 커지며 다양한 놀잇감을 연합해 노는 것을 '놀이 확장'이라고 합니다.

놀이 확장을 잘하는 아이일수록 더 재밌게 놀 수 있고, 그만큼 자신의 인지능력도 발달하고 있다는 증거입니다. 이런 놀이 확장의 개념을 모르면 아이의 놀이는 그저 집을 어지럽히는 것이라고만 생각하게 되어 자꾸만 정리를 시키게 됩니다. 아이가 충분히 놀고 마무리를 할 때까지 정리는 좀 미뤄 두어도 좋겠습니다.

그러나 놀이를 하는 중간에 놀잇감을 정리해야 하는 경우도 있습니다. 첫 번째, 놀이가 완전이 바뀔 때입니다. 인형 놀이를 하던 아이가 이제 밖에서 비누방울 놀이를 하고 싶다면 인형 놀이가 완전히 끝나고 다른 놀이가 시작될 때이므로 정리를 해도 좋습니다.

두 번째, 너무 놀잇감이 많아 놀이 공간이 부족할 때입니다. 놀이를 하기 위해서는 공간이 필요한데 너무 많은 놀잇감이 바닥에 있어 아이가 놀잇감을 밀치며 놀 때가 있습니다. 이때 놀잇감은 아이에게 장애물일 뿐입니다. 장애물이 많으니 아이가 움직일 때마다 불편하고 또 넘어져 다칠 수도 있으니 이럴 경우에는 정리를 하는 것이 좋습니다.

세 번째, 놀이가 놀이가 아닐 때입니다. 아이가 놀기 위해 블록을 꺼내는 것은 괜찮지만 블록을 의미 없이 바닥에 쏟는 것은 놀이가 아니고 저지레이며 놀잇감을 함부로 대하는 행동입니다. 이럴 경우에도 정리를 하는 것이 좋습니다.

재밌게 논 만큼 정리도 잘할 수 있도록 누가, 언제, 어떻게 정리를 하는 것인지 잘 가르쳐 주세요. 잘 가르친 만큼 아이들은 자신의 일을 스스로 할 수 있게 된답니다.

 **책 속 상담실**

Q 놀이가 끝난 후 정리를 하자고 하면 아이가 이런저런 핑계를 대며 정리를 안 하겠다고 할 때도 있고, 어떨 때는 더 놀겠다며 정리를 하지 않으려고 합니다. 결국은 성격 급한 저와 남편이 하게 되는데 어떻게 해야 정리를 잘하도록 할 수 있을까요?

A 아이가 아직 정리를 잘 못 하는군요. 잘 가르쳐 보겠습니다.

1. 아이에게 정리 시간을 예고합니다.
아이에게는 놀이를 마무리할 시간이 필요합니다. 정리 시간 10분 전쯤에 "10분 후 정리 시간이야. 놀이 마무리하자."라고 말해 하던 놀이를 마무리하며 정리를 위한 마음의 준비를 하도록 도와주세요. 꾸준한 반복을 통해 정리하는 습관이 만들어집니다.

2. 책임을 줍니다.
아이의 행동은 책임을 줄 때 변화됩니다. 정리를 한 놀잇감은 내일 다시 가지고 놀 수 있지만 그렇지 않은 놀잇감은 내일 가지고 놀지 않는 것으로 책임을 주세요. 아이가 달라질 것입니다.

3. 정리 후 칭찬을 꼭 합니다.
정리를 한 후 반드시 칭찬으로 만족감을 느끼게 해 주세요. 만족감을 느껴 봤다면 다음에 그 행동을 더 많이 하게 됩니다.

3.3.

네가 자꾸 지는데 어쩌라고…

　햇살이와 요술이가 계단 먼저 오르기 놀이를 하고 있습니다. 가위바위보는 특별한 기술이 필요한 것도 아닌데 자꾸만 지게 되는 요술이는 그만 토라져 버리고 말았습니다. 예전에는 그저 누나와 같이 노는 것만으로도 좋았던 요술이지만 이제는 이기고 지는 것이 무엇인지 알게 되면서 이기고 싶은 마음도 생겼기 때문입니다. 하지만 햇살이도 만만치 않은 승부욕으로 반드시 이기리라는 마음으로 놀이에 임하니 요술이는 누나에게 질 수밖에 없나 봅니다.

　이렇게 아이들이 서로 이기고 싶은 마음이 커질 때 부모가 하는 흔한 반응이 있습니다. 첫아이에게는 "동생이잖아. 좀 봐 줘."라고 져 주기를 강요하며 화를 부추기고, 동생에게는 "질 수도 있지. 왜 꼭 이기려고 만 해."라고 말해 이기고 싶은 마음이 틀린 마음인 것처럼 만들어 버리기도 합니다. 부모에게 놀이는 해도 그만, 안 해도 그만인 것입니다. 그러니 놀이에서 이기고 지는 것도 별 일 아닐 것 입니다. 그래서 져 주라고, 져도 괜찮다고 하지만 아이들의 마음은 그렇지 않답니다. 그래서 엄마는

"가위바위보 해서 진 사람이 한 계단씩 먼저 올라가는 거야."
"그리고 제일 먼저 계단을 오르는 사람이 이기는 거지."

라고 말했습니다. 규칙이 이렇게 바뀌면 가위바위보에서 많이 진 사람이 결국은 이기게 되는 것이므로 지는 것이 무조건 안 좋은 거라는, 이기는 것이 반드시 좋다는 생각에서 아이들이 빠져나오게 됩니다. 그래서 이기고 지는 규칙을 모호하게 만들어 승부에 너무 집착하지 않고 놀이를 놀이로서 즐길 수 있도록 돕는 것입니다.

그런데 아이러니하게도 늘 가위바위보에서 지던 요술이가 이긴 사람이 올라가야 한다는 말을 하고 있습니다. 어린 아이일수록 융통성 있게 사고하는 것이 어렵기 때문에 규칙을 바꾸고, 바뀐 규칙을 수용하며 놀기까지는 시간이 좀 걸립니다. 그래서 잘 설명하고 기다려 주는 지혜가 필요합니다. 절대로 "넌 만날 지면서 그러냐."라고 핀잔을 줄 필요는 없습니다.

한 걸음 더 들어가 '승부욕'에 대해 생각해 보겠습니다. 승부욕이 있는 아이는 새로운 것에 도전하고 이기기 위해 최선을 다하는 긍정적인 모습을 가지고 있습니다. 그러나 승부욕이 지나치면 지는 것에 대해 매우 자존심 상해하고 화를 내기도 하며 상대를 부당한 방법으로 이기려는 부정적인 모습도 가지게 됩니다. 승부욕은 이런 양면적인 모습을 가지고 있어 반드시 나쁜 것도 아니고 때로는 아이들에게 필요한 것이기도 합니다. 때문에 부모는 승부욕 자체를 부정하기보다는 이기고 싶은 그 마음을 잘 다독여 좋은 승부를 할 수 있도록 도와줄 필요가 있습니다.

왜 아이는 승부에 집착하며 이기고 지는 것에 예민하게 반응하는 걸까요? 경험을 통해 이기는 게 좋은 것이라고 배웠기 때문입니다.

아이가 놀이 순서를 정할 때 이겨서 먼저 시작할 기회를 얻었다거나, 놀이에서 이겨 선물을 받았다거나, 친구들 앞에서 우쭐했던 경험이 있다면 아마도 절대로 지고 싶지 않을 것입니다. 그리고 아이가 졌을 때 진 것에 대해 놀림을 받았다거나 속상했던 기억이 있다면 반드시 이기고 싶은 마음이 생길 수밖에 없습니다. 이런 경험이 쌓이면 승부에 예민해지고 새로운 것을 시작할 때 자기가 잘하지 못할까 걱정되어 우물쭈물하는 행동을 보이게 되어 결국 자신감도 부족해집니다. 따라서 아이는 좋은 승부에 대한 경험을 할 필요가 있습니다.

부모와 아이가 카드 놀이를 하고 있습니다. 아이가 이겼다고 좋아하고 있습니다. 이때 부모는 "잘하네. 똑똑하네."라고 아이의 능력과 결과에 대한 칭찬을 보통 하게 되는데 이는 좋은 칭찬이 아닙니다. 이런 칭찬을 받은 아이가 졌을 경우를 생각해 보세요. 아이는 자신을 잘하지 못하는 아이, 똑똑하지 않은 아이로 생각하게 되기 때문에 과하게 이기려 하게 됩니다. 따라서 카드 놀이에서 이긴 아이에게 부모가 해야 하는 칭찬은 "재밌게 하더니 이겼네. 멋져."라고 과정을 즐긴 것에 대한 칭찬을 하는 것이 더욱 좋습니다. 그리고 "엄마 아빠도 다음에는 더 잘해 봐야겠어. 오늘 재밌었어."라고 진 것에 대해 속상해하기보다는 놀이 자체에 대한 즐거움을 표현하고 다음에 더 잘해 보겠다는 도전의지를 말해 주는 것이 좋습니다.

반대로 아이가 졌다면 "아깝게 졌네. 속상하겠다."와 같이 감정을 먼저 잘 다독여 주어야 합니다. 이때 절대로 해서는 안 되는 말이 "괜찮아. 질 수도 있지."입니다. 이 말은 속상한 아이의 마음을 전혀 위로

할 수 없기 때문입니다. 그리고 져서 속상해하는 아이가 귀엽다고 놀리는 것은 절대로 하지 않아야 합니다. "오늘은 엄마 아빠가 이겼네. 이긴 것보다 우리 같이 노는 게 더 좋아."라고 아이와 함께 시간을 보낸 것에 대해 만족감을 표현해 주는 것이 중요합니다. 놀이 상황에서 이런 경험이 쌓이게 될 때 아이는 부모가 보인 반응을 그대로 흡수하여 동일한 상황에서 동일하게 반응하게 됩니다. 당연히 멋진 승부를 할 수 있게 된답니다.

 책 속 상담실

Q 여러 가지 방법을 다 해 봤지만 여전히 아이는 이기고 지는 것에 민감합니다. 일부러 져 주면 또 져 줬다고 싫어합니다. 어떻게 해야 할까요?

A 놀이를 할 때마다 아이의 기분이 신경 쓰여 놀이가 즐겁지 않을 것 같다는 생각이 듭니다.

1. 기분이 상하면 놀이를 멈춘다는 것을 미리 알려 줍니다.
놀이를 시작하기 전에 미리 "놀이는 즐겁기 위한 거야. 놀다가 기분이 상하면 놀이를 멈추는 거야."라고 말해 줍니다. 아이의 동의를 얻은 후 놀이를 시작하고, 아이의 기분이 상하면 "지금 기분이 안 좋네. 다음에 다시 놀자."라고 말한 후 놀이를 마무리하면 됩니다. 이때 "너 기분 나쁘지? 그럼 못 놀아."라고 벌주듯이 말하는 것은 좋지 않습니다.

2. 져 주는 건 알아차리지 못하게 합니다.
부모가 져 준다는 것을 알면 아이는 자존심이 상한답니다. 혹시라도 져 주어야 하는 상황이라면 아이가 눈치채지 못하게 해 주세요.

3. 승패가 없는 놀이를 하는 것이 좋습니다.
승패가 있는 놀이를 즐겁게 한다면 좋겠지만 그렇지 않을 경우에는 승패가 없는 놀이를 하는 것이 좋습니다. 놀이는 즐거움을 목적으로 하는 것인데 아이가 이렇게 민감하게 반응한다면 아이가 스트레스를 받는 것이기 때문에 좋은 놀이라고 할 수 없습니다. 공원에서 자전거를 타거나 캠핑을 함께 가거나 집에서 요리를 같이 하는 등 승패가 없는 놀이를 해 보면 좋겠습니다.

3.4.
넌 날 이길 수 없다

오늘은 햇살이와 요술이가 카드놀이를 하고 있습니다. 잘 노는가 싶더니 이내 요술이의 울음소리가 들립니다. 세상에 햇살이가 요술이를 이기려고 규칙을 이렇게 저렇게 계속 바꾸었네요. 그러고는 뻔뻔하게도 아주 당당하고 당연하다는 듯이 놀이 규칙은 바꿀 수 있는 거라고 말하고 있습니다. 이 말 자체가 틀린 것은 아니지만 이렇게 자기만 이기려는 의도로 사용하면 절대로 안 되는 것입니다.

이런 경우 부모는 흔히 첫아이에게 "치사하게 너만 유리하게 규칙을 바꾸냐? 그럼 안 되지."라고 동생의 입장에서 비난의 말을 쏟아 내게 됩니다. 부모는 놀이라 별거 아니라고 생각하다가도 동생이 너무 당하고만 있으면 은근히 화가 나기도 하고, 첫아이의 이런 행동이 혹시라도 친구들 사이에서 나타나 사회성에 문제가 생길까 봐 걱정이 되어 이렇게 말하게 됩니다.

물론 첫아이의 행동이 옳은 건 아니지만 이렇게까지 말할 필요는 없습니다. 첫아이도 어디까지나 어린아이니까요. 혹 첫아이와 동생의 나이 터울이 많아서 첫아이가 진짜로 다 큰 아이라고 해도 첫아이와 동생은 동등한 자녀일 뿐입니다. 절대로 이모같은 언니, 삼촌같은 형은 없는 것입니다. 그래서 나이 차이와 상관없이 질투와 다툼이 끊이지 않고 놀이라도 하게 되면 기필코 이기겠노라 의지를 불태우게

됩니다. 그러나 이런 일이 언제까지나 반복되게 해서는 안 되므로 엄마는

"놀이 규칙은 바꿀 수 있어."
"하지만 놀이하는 모든 사람이 동의할 때 바꾸는 거야."
"그리고 규칙을 바꾸는 건 놀이가 시작되기 전에만 하는 거야."

라고 말했습니다. 놀이 규칙을 언제, 어떻게 바꿀 수 있는지를 가르쳐서 햇살이처럼 얄밉게 굴거나 요술이처럼 억울하지 않도록 도와주는 것입니다.

 놀이는 혼자 하는 것이 아니라 친구와 같이 하는 것입니다. 당연히 규칙을 바꾸는 것은 함께 놀이를 하는 친구가 동의를 할 때만 가능한 것입니다. 그리고 놀이 중간에 규칙을 계속 바꾸면 놀이 진행이 어렵기도 하고 다툼의 원인이 될 수 있으므로 반드시 놀이를 시작하기 전에 해야 하는 것입니다.

 이런 설명을 할 때에도 첫아이를 무섭게 야단을 치듯이 하는 것이 아니라 친절하게 설명해 주는 말투로 해야 첫아이도 자존심이 상하지 않은 상태에서 부모의 설명을 듣고 자신의 행동을 수정할 수 있습니다.

 그런데 아무리 규칙을 바람직한 때에 바람직한 방법으로 바꾼다고 해도 몇 살 더 많은 첫아이의 이기려는 계획에 동생은 당해 낼 재간이

없을 때가 있습니다. 이런 순간이 부모가 참다가 폭발적으로 화를 내게 되는 순간이기도 합니다. 화가 난 부모는 동생을 대신해 첫아이와 놀이를 하며 첫아이에게 '너도 당해 봐.'라는 마음으로 처절한 패배를 안겨 주기도 하고, 의도적으로 첫아이와 동생이 놀지 못하게 하기도 합니다. 우리 이제 이러지 않기로 하겠습니다. 앞 서 말한 것처럼 첫아이도 동생 못지않게 어리니까요. 그리고 이런 방법은 잘 놀 수 있는 방법을 배울 기회를 없애 버리는 것이 되니까요.

책 속 상담실

Q 8살 딸과 10살 아들을 키웁니다. 저희 집은 거꾸로 8살 딸이 오빠를 이겨 먹으려고 마음대로 합니다. 제가 오빠는 동생을 잘 도와주고 돌봐야 한다고 가르쳐서 그런지 아들은 화가 나도 꾹 참는 것 같아요. 어떻게 해야 할까요?

A 첫째가 스트레스를 받을 것 같습니다. 지금부터 다시 훈육해 보겠습니다.

1. 첫째에게는 동생을 돌볼 의무가 없음을 기억합니다.
첫째가 2살 많은 오빠지만 늘 동생을 도와주고 돌봐야 하는 존재는 아닙니다. 첫째 양육도 둘째 양육도 부모가 하는 것이니 앞으로 첫째에게 동생을 도와주라고 하거나 돌봐주라는 말은 하지 않아야 함을 꼭 기억해 주세요.

2. 첫째의 의견을 물어봅니다.

오빠로서의 의무나 의견이 아닌 "너는 어떻게 하고 싶니?"라고 자신의 의견을 말할 수 있도록 물어봐 주세요. 그리고 수용해 주세요.

3. 아이들에게 놀이방법에 대해 이야기해 줍니다.

서로 기분 좋게 놀 수 있도록 놀이 규칙과 방법에 대해 이야기를 해 주세요. 그리고 기분이 상하면 놀이를 멈춘다는 것도 알려 주어 화를 내면서 놀거나 반대로 화를 억지로 참으며 놀지 않도록 해 주세요.

4

다툼!
둘이서 해결해요

4.1.

둘 다 너무 사랑하는 거 아니니?

7살 터울의 남매라 햇살이가 요술이에게 자기 마음대로 해도 요술이는 가만히 있거나, 가끔 울거나, 그래도 좋다고 햇살이를 쫓아다녔습니다. 그런데 어느덧 요술이도 반격을 시작할 나이가 되었습니다. 드디어 요술이가 5살이 되었거든요. 놀잇감으로 다투고, 과자로 다투고. 부모의 입장에서 보면 너무나 사소하고, 저런 것이 다툼의 원인이 된다는 것이 어이가 없을 정도입니다. 그러나 당사자인 햇살이와 요술이에게는 매우 중요하고 심각한 상황임에 틀림없을 것입니다. 왜냐하면 아직은 서로를 아껴 주고 사랑해 주는 존재로 생각하기보다는 질투 나고 귀찮은 존재라고 생각하니까요.

이런 상황에서 부모가 흔히 하는 반응은 첫 번째, "또 싸운다. 별거도 아닌데. 그만 안 해?"라고 무섭게 야단을 치는 것입니다. 그리고 연이어 첫아이에게는 "너는 누나가 돼 가지고 그렇게 동생이랑 싸우고 싶어?"라고 누나답지 못하다고 야단을 치고, 동생에게는 "너는 어린 게 누나한테 왜 그래?"라고 대드는 것에 대해 나쁘다고 야단을 치게 됩니다. 이런 와중에 아이들은 부모의 눈치를 보며 조용해질 수는 있지만 화가 안 풀리는 부모는 엄청난 양육 스트레스에 시달리게 됩니다. 왜일까요? 분명 아이들의 싸움이었는데 왜 부모가 이렇게 화를 내고 스트레스를 받는 걸까요? 바로 부모가 자기 화를 스스로 돋우었기 때문입니다. 아이들에게 큰 소리로 뱉어 낸 꼬리에 꼬리를 무는 그 야단치는 말로 말입니다. 아이들에게 잘 지내라고 말하면서 정작 부모는 아이들과 잘 지내지 못하는 이런 아이러니한 상황이 살짝 부끄러워집니다. 그래서 부모가 아이들보다 더 흥분하여 화를 내는 일은 절대로 없어야 합니다.

두 번째는 부모가 두 아이의 다툼에 적극적으로 개입하며 "누가 먼저 그랬어?"와 같은 말로 잘잘못을 가려내어 해결하려는 것입니다. 부모가 판사 역할을 하게 되는 것입니다. 이럴 경우 아이들은 부모를 자기편으로 만들기 위해 자신의 잘못을 감추고 상대의 잘못만을 들춰내려 과장되게 말하거나 없던 일을 만들어 내기도 합니다. 또한 자신에게 잘못이 있다고 말하는 부모를 향해 "엄마 아빠는 동생만 예뻐해." 혹은 "엄마 아빠는 누나 편만 들어."라고 아이들 모두에게서 원성을 듣기도 합니다. 그래서 아이들이 다툴 때 부모가 해야 하는 것은 아이들이 자신들의 문제를 스스로 해결하도록 시간을 주되 다툼이 더 커지지만 않도록 아이들을 분리하는 것입니다. 그래서 엄마는 자신의 화를 돋우지 않고 아이들을 자연스럽게 분리하는 방법으로

"둘 다 너무 사랑하는 거 아니니?"

라고 말했습니다. 결과는 부모가 믿고 바라고 예상한 대로 두 아이 모두 다툼을 멈추고 반대편으로 각자의 길을 떠났습니다. 아이들의 입장에서는 둘이 같이 붙어 있으면서 계속 다투게 되면 자신들의 속마

음과는 정반대로 '서로 사랑하는 것'이 되니 결코 떨어지지 않을 수 없는 상황일 테니까요.

그런데 부모가 이렇게 분리를 시킨다고 해서 모든 아이들이 분리가 되는 것은 아닙니다. 부모의 분리 신호에 아랑곳하지 않고 계속 다투는 아이들도 많습니다. 이는 아이들이 부모의 권위를 무시하기 때문입니다. 따라서 부모의 훈육이 아이들에게 적용이 되고 좋은 결과를 맺기 위해서는 일단 부모의 권위가 세워져 있어야 합니다. 이 권위란 무섭게 엄하게 한다고 해서 생기는 것이 아닙니다. 부모가 아이를 사랑하고 배려하고 존중할 때 아이도 부모를 동일하게 대하게 됩니다. 이것이 바로 아이가 부모의 권위를 인정하게 되는 순간입니다.

또한 부모가 분리를 하는 시점이 너무 늦어 버린 경우도 분리가 어렵습니다. 아이들이 잘 노는 것을 '초록불', 티격태격하는 것을 '노란불', 심하게 다투는 것을 '빨간불'이라고 가정했을 때 부모는 노란불에 분리를 해야 합니다. 빨간불이 된 상황은 이미 아이들이 흥분하며 화를 내고 다투고 있는 상황이라 분리가 어렵습니다.

아이들이 다투는 상황은 하루에도 몇 번씩 반복됩니다. 이건 아이들이 나쁘기 때문이 아닙니다. 아직 의견을 조율하는 방법을 잘 모르고, 서로에 대한 배려나 이해와 같은 마음이 다 자라지 못했기 때문입니다. 따라서 다투고 화해하고 다시 노는 과정은 아이들이 서로에 대해 사랑하고 배려하는 마음을 키워 가는 과정입니다. 아이들의 다툼에 대해 빨리 해결해 주고 끝내려 하기보다는 분리를 통해 서로의 감정이 더욱 악화되지 않도록 도와주는 게 먼저라는 것을 꼭 기억하면 좋겠습니다.

 책 속 상담실

Q 아이들이 자신의 잘못을 인정하지 않고 서로의 탓만 할 때는 어떻게 해야 할까요?

A 어떻게 해결해야 할지 막막할 것 같습니다.

1. 한 명씩 대화를 합니다.
두 아이를 함께 앉혀 놓고 이야기를 하게 되면 아이들은 자신을 변호하는 과정에서 서로를 탓할 수밖에 없습니다. 따라서 한 명씩 따로 만나 이야기를 하는 것이 좋습니다.

2. 감정을 수용해 줍니다.
잘못에 대한 인정과 사과는 자신의 마음이 편안할 때 가능한 것이므로 아이의 감정을 충분히 수용해 주어 평정심을 찾도록 도와주는 것이 필요합니다. 이때 감정만 수용하는 것이지 잘못된 행동에 대해서는 절대로 수용해서는 안 됩니다. 감정과 함께 잘못된 행동까지 수용하게 되면 잘못을 용인하는 격이 되어 잘못을 바로잡기 어렵게 됩니다.

3. "무슨 일이니?"라고 물어봅니다.
"왜 그랬어?"라는 말은 이유를 물어보는 말이지만 다르게 생각하면 잘못에 대해 추궁하는 말같이 들리기도 합니다. 당연히 아이는 야단을 맞지 않기 위해 다른 형제의 탓을 하게 됩니다. 이보다는 "무슨 일이니?"라는 말로 아이에게 전후 사정을 충분히 말할 수 있도록 기회를 주는 것이 좋습니다. 이를 통해 아이는 답답함이 사라지고 자연스럽게 상황에 맞는 말과 행동을 알게 됩니다.

4. "어떻게 하는 게 좋겠니?"라고 해결책을 함께 찾습니다.
대화를 통해 앞으로 어떻게 하는 것이 좋을지 해결책을 함께 찾는 것이 필요합니다. 오늘 실수를 내일 또다시 반복하지 않는 것이 중요하기 때문입니다.

4.2.
그만~ 둘 다 눈빛 교환 금지!

오늘은 불금. 고기도 지글지글 굽고 엄마 아빠는 이슬이도 마시고 편안한 저녁 식사 시간입니다. 그런데 햇살이와 요술이는 아닌가 봅니다. 서로 쳐다보지 말라고, 안 쳐다봤다고, 뒤에 봤다고, 왜 때리냐고, 안 때렸다고, 부딪혔다고, 티격태격이 계속되고 있습니다. 이런 사소한 다툼이 있을 때 부모는 흔히 "그만 안 해? 그럴 거면 밥 먹지 말고 방에 가."라고 마음에도 없는 말을 합니다. 그리고 잠시 후 부모는 조금만 참을 걸 괜히 화를 내서 즐거운 식사 분위기를 망쳤다고 자신을 탓하며 스스로에게 더 화가 나기도 합니다. 뒤이어 아이들은 슬금슬금 부모의 눈치를 보게 됩니다. 식탁에 앉아 있는 가족 중 누구에게도 좋은 상황이 아니니 부모가 버럭 화를 내는 것은 좋은 해결책이 아님이 틀림없어 보입니다.

그렇다고 해서 부모가 아이들에게 "그러지 마. 기분 풀어. 맛있게 저녁 먹자."라고 어르고 달랠 필요는 없습니다. 만약 부모가 어르고 달래게 된다면 아이들은 자신의 잘못을 모르고 상대의 잘못을 탓하기도 하고, 서로 간의 갈등이 생길 때마다 부모가 개입해서 문제를 해결해 주길 바라게 되기 때문입니다. 그래서 엄마는

"그만~ 둘 다 눈빛 교환 금지!"

라고 둘을 분리하는 조치를 취했습니다. 아이들의 다툼이 빨간불이 되기 전 노란불일 때 멈추도록 엄마가 분리를 해 주려 한 것입니다. 원래 분리라고 하면 몸이 물리적으로 떨어져 있도록 하는 것이 맞습니다. 그러나 저녁을 먹는 아이들을 원칙에 맞게 물리적으로 분리를 했다가는 아이들을 굶기게 되는 의도하지 않은 상황이 전개될 수 있으니 차선책으로 서로를 쳐다보지 못하도록 한 것입니다. 아무래도 안 쳐다 보면 덜 싸우게 되니까요.

그러나 아이들이 부모의 의도대로 다 따라 주는 것은 아닙니다. 햇살이와 요술이처럼요. 서로 좋아하지도 않으면서 서로에게 계속 집중하며 뭔가 꼬투리 잡을 게 없나 날이 서 있거든요. 이러한 소소한 신경전이 계속될 때 편안하고 즐거운 저녁 식사를 기대했던 부모는 화가 폭발할지 모르니 최대한 평정심을 유지하며 아이들을 지켜보는 것이 필요합니다. 왜냐하면 아이들에게도 시간이 필요하기 때문입니다. 갈등을 인지하고 해결하는 그리고 그 과정에서 감정을 정리하는 시간 말입니다. 계속되는 요술이와 햇살이의 티격태격에 이번에는 화가 난 요술이가

"엄마, 눈빛 교환 금지해 줘."

라고 말했습니다. 황당하고 어이없다는 햇살이 반응 보이죠? 요술이는 '난 누나에게 관심 없거든. 말도 하기 싫거든.'이라는 메시지를 엄마를 통해 보내고 싶었나 봅니다. 회심의 일격을 한 셈이지요.

이렇듯 아이들은 부모의 반응을 기억하고 자신도 그 상황이 되면 그 반응을 하게 됩니다. 부모가 화를 내고 아이들을 야단치는 것보다 훨씬 결과가 좋지요? 아이들이 다툴 때마다 부모는 아이들의 문제를 빨리 해결하려 노력하게 되는데 이보다는 '어떻게 하면 아이들의 다툼이 더 커지지 않게 할 수 있을까' 먼저 생각해야 합니다. 다툼이 더 커지지 않고 감정이 가라앉으면 아이들이 직접 해결 방법을 찾아올 수 있기 때문입니다. 혹 아이들이 해결 방법을 찾지 못한다 해도 감정이 가라앉은 후에는 부모가 대화를 통해 해결책을 찾도록 도와줄 수도 있으니 반드시 문제 해결보다 감정 조절이 더 우선임을 기억해야 합니다.

책 속 상담실

Q 저희 집 아이들은 식탁에 앉는 순간부터 다툼이 시작됩니다. 자기가 앉고 싶은 자리에 꼭 앉으려고 하면서요. 자리에 특별히 좋고 나쁨도 없는데 이렇게 사소한 일로 계속 다투니 인내심의 한계를 느끼게 됩니다. 어떻게 해야 할까요?

A 겉으로 보기에는 자리 다툼이지만 사실은 서로 관계가 좋지 않기 때문에 모든 것이 다툼이 되어 가고 있는 것입니다.

1. 아이들이 의논하여 자리를 정하도록 지도합니다.
자신의 자리가 정해져 있다면 다툴 필요도 없어집니다. 아이들이 의논하여 자리를 정하도록 해 주세요.

2. 아이들이 의논하기 어려울 때에는 부모님이 도와줍니다.
아이들이 자리를 정하지 못하고 계속 다툴 수도 있습니다. 이럴 경우에는 부모님이 임시로 자리를 정해 주는 것도 좋습니다. 단, "둘이서 의논해서 자리를 정하는게 좋겠어. 자리를 정하지 못하면 정할 때까지는 엄마 아빠가 정해 주는 대로 앉는 거야."라고 상황에 대한 설명이 필요합니다. 그래야 엄마 아빠 마음대로라고 투덜거리는 것을 막을 수 있답니다. 그런 다음 반드시 말한 대로 실천하면 됩니다.

3. 아이들의 관계 개선을 도와줍니다.
평소 아이들의 관계를 살펴보고 불편한 부분이 있다면 개선할 수 있도록 도와주세요. 관계가 개선되면 자리 문제를 비롯한 일상의 소소한 갈등들이 모두 해결되는 마법을 볼 수 있답니다.

4.3.

초딩만 돼 봐. 가만 안 둬

　요즘 요술이는 부쩍 누나를 찾는 일이 많아졌습니다. 하고 싶은 것들은 많아졌지만 아직은 혼자서 뭔가를 하기에는 서툰 것이 많은 요술이라 누나의 도움이 수시로 필요하거든요. 다행히 요술이가 청한 도움에 햇살이는 귀찮지만 응해 주고 있습니다. 그런데 그런 누나에게 고마움을 표현하기는커녕 요술이는 자기 마음대로 하고 있습니다. 눈치가 없는 건지, 하룻강아지 범 무서운 줄 모르는 상태인 건지 요술이는 불편하다고 누나에게 소파에서 비키라고 하고, 정리하라는 누나의 말을 가볍게 무시하는 말까지 해 버리고 말았습니다. 햇살이는 속이 부글부글 끓고 있지만 차마 동생을 때릴 수가 없어 곧 터져 버릴 지경이 되었습니다.

　이런 경우 가끔 부모는 첫아이에게 "모른 척할 테니까 한 대만 때려."라고 말할 때가 있습니다. 부모의 눈에도 동생의 얄미운 행동이 보였기 때문에 첫아이의 마음에 공감을 넘어 동감을 해 버리는 것입니다. 공감은 '네 마음이 그럴 수 있겠구나.'라고 마음을 헤아려 주는 것이고 동감은 '네 마음 다 알아. 나도 똑같이 느끼고 똑같이 행동했을 거야.'입니다. 그래서 공감이 아니라 동감을 했을 경우 잘못된 행동마저 용인해 주는 경우가 생깁니다. 부모가 때려 줘도 된다고 말하는 것은 '공감'이 아닌 '동감'을 했기 때문에 때리는 행동이 분명 나쁜 행동이지만 허용을 하게 되는 것입니다.

부모의 이 말을 듣고 동생을 때려 준 첫아이는 심히 통쾌할 것입니다. 그리고 누군가를 때리는 행동에 정당성을 부여받았으므로 앞으로 동생이나 친구들을 때리는 일이 반복될지도 모릅니다. 또한 부모는 어쩌다 한 번 동생을 때리는 첫아이의 행동을 봐준다고 해도 때리는 행동이 반복된다면 분명 야단을 칠 것이 분명합니다. 이럴 경우 첫아이는 정말로 혼란스러워지겠지요? 따라서 어떤 경우라도 때리라고 가르치는 것은 절대로 안 되는 것입니다.

화가 난 햇살이는 때리는 건 차마 못 하겠고 곰곰이 생각하다가 찾아낸 방법이 바로 '간지럼 태우기'였습니다. 간지럼 태우기는 분명 처음에는 장난인 듯 놀이인 듯 시작되지만 그 강도가 일정 정도를 넘어서면 이제는 즐거움이 아니라 고통이 따라오는 일종의 괴롭힘이 됩니다. 햇살이는 자기만의 방식으로 얄미운 요술이를 혼내 주었습니다. 그리고는 다짐을 하였습니다.

"초딩만 돼 봐. 가만 안 둬."

햇살이다운 말입니다. 아이들이 이렇게 실랑이를 하고 있는 걸 보면 부모 눈에는 분명 햇살이가 요술이를 못살게 구는 것이 보이게 됩니다. 그래서 "그만해. 동생 싫어하잖아."라고 동생 편을 들며 첫아이에게 싫은 소리를 하기도 하고 "초등학생이 되어도 때리는 건 안 되지. 나쁜 행동이야."라고 말하게 됩니다. 물론 부모의 말이 틀린 것은 아니지만 첫아이의 입장에서는 정말로 억울하고 답답한 일입니다. 그 동안 자신을 화나게 하고 속상하게 한 요술이의 잘못은 쏙 빼 버리고 자신의 행동에 대해서만 안 됨을 강조하는 말이니까요. 이럴 때에는 특별히 누군가 다치거나 아픈 상황이 아니고 요술이가 초등학생이 되려면 멀었으니까 미리 훈육을 당겨서 할 필요는 없습니다. 그래서 엄마는

"그래, 그때 다시 생각해 보자."

라고 말했습니다. 이처럼 심각한 다툼이 아니라 일상적인 티격태격이라면 그냥 지켜봐도 좋겠습니다. 아이들이 서로 문제를 해결해 나가고 있는 과정이니까요. 한두 번 이런 일을 겪다 보면 요술이도 자신의 잘못을 알고 멈추게 될 때가 오게 됩니다. 왜냐하면 요술이도 하루하루 자라고 있으니까요.

 **책 속 상담실**

Q 아이들이 잘못을 했을 경우라도 체벌은 하지 않아야 한다고 해서 저는 손을 들고 있는 벌을 주로 줍니다. 이것도 하면 안 되는 건가요?

A 벌주기의 범위가 궁금하시군요.

1. 벌을 주는 것보다는 책임지기가 효과적입니다.
벌을 받은 아이가 반성을 하고 잘못된 행동을 반복하지 않으면 좋겠지만 현실에서는 벌을 받을 때 자신의 잘못을 반성하기보다는 벌을 주는 부모를 원망하거나 무서워하게 됩니다. 그리고 아이가 조금 더 자란 뒤에는 벌을 받으며 일명 '몸으로 때우자.'라고 생각하기도 합니다. 그래서 벌을 주는 것보다 책임을 지도록 하는 것이 더욱 효과적입니다.

2. 책임지기는 잘못과 연관된 것이어야 합니다.
놀잇감을 정리하지 않았다면 내일 하루 그 놀잇감을 가지고 놀지 않는 것이 '책임지기'입니다. 만약 놀잇감을 정리하지 않았을 때 먹고 싶은 간식을 못 먹게 하는 것으로 책임을 지게 한다면 연관성이 없으므로 아이가 억울해할 수 있습니다. 반드시 책임지기는 잘못한 행동과 연관성이 있어야 하고 사전에 아이와 약속이 되어 있어야 아이도 수용할 수 있습니다.

4.4.

엄마가 누나 혼내 줘

　요술이는 요즘 누나 햇살이가 뭘 하는지 정말 궁금증이 커지기 시작하였습니다. 요술이 눈에 햇살이는 실로 대단한 존재로 느껴지기 때문입니다. 책상에 앉아 공부도 하고, 그림도 그리고, 또 햇살이 책상에 놓여 있는 색색의 문구류는 정말로 요술이의 눈에 보물처럼 보일 것입니다. 그러나 햇살이는 이런 요술이의 관심이 아주 귀찮고 싫습니다. 결국은 자기를 방해하게 되니까요. 그래서 햇살이는 그동안의 경험치를 바탕으로 요술이가 가까이 오려고만 해도 이유를 묻지도 따지지도 않고 "안 돼."를 외치고 있습니다. 가끔 의도하지 않게 요술이를 밀어 넘어뜨리기도 하고요. 이런 일이 생길 때마다 작용과 반작용처럼 요술이는 집안 권력의 최고 서열인 엄마에게 도움을 요청하게 됩니다. 누나를 혼내 달라는 말과 함께요.

　이런 경우 대부분의 부모는 두 아이 사이에 개입을 해서 해결을 해주려고 합니다. 그러면 두 아이의 다툼에 부모가 끼면서 삼각구도가 형성되고 문제가 해결되기는커녕 더욱 수렁 속으로 빠지게 될 수도 있습니다. 그래서 엄마는

　　"요술이 속상하겠네. 무슨 일일까?"

라고 말했습니다. 먼저 속상한 요술이의 마음부터 달래서 진정시킨 후 요술이로부터 직접 전후 상황을 들어 보는 걸 택했기 때문입니다. 요술이가 상황을 인지하고 있어야 해결을 위한 대화도 할 수 있고 궁극적으로 요술이 스스로가 문제를 해결할 수 있기 때문입니다. 그러나 엄마의 바람과는 다르게 요술이는 누나의 잘못만을 이야기하며 혼내 달라는 주문을 하였습니다.

이런 경우 부모가 흔히 하는 반응은 첫 번째, 첫아이에게 가서 동생의 말이 진짜인지 가짜인지 확인하는 것입니다. 이때 동생은 자신을 못 믿는 부모에 대해 서운함과 속상함을 느끼고, 첫아이는 동생의 말만 듣고 자기에게 상황을 따지는 부모가 미워집니다.

두 번째, 무턱대고 이 상황을 빨리 해결하고 싶은 나머지 첫아이에게 "동생 한 번만 하게 해 줘."라고 회유를 하거나 "해 줘. 울잖아."라고 울리지 말라고 우격다짐을 하는 것입니다. 이런 상황이 연출되면 동생은 부모를 만능 해결사로 생각해 자꾸만 부모를 찾게 되고 첫아이는 화가 더 나게 되어 형, 누나로서의 체면을 버린 채 동생과 똑같이 고자질을 하게 됩니다.

세 번째, 부모가 "누나가 일부러 그런 건 아닐 거야."라고 첫아이를 두둔하는 말을 하여 동생의 속을 답답하게 하는 것입니다. 부모의 생각이 사실이라고 해도 대화를 할 때에는 지금 내 앞에 있는 아이에 대한 충분한 공감이 필요하므로 첫아이의 입장은 잠시 내려놓고 동생과의 대화에 집중하는 것이 좋습니다. 그래서 엄마는 요술이의 말을 일단 다 들어 주며 요술이가 감정을 추스를 수 있도록 도와주었습니

다. 그런 후

    "엄마 생각에는 요술이가 직접 누나한테 부탁하는 게 좋을 것 같은데."
    "요술이는 누나한테 뭐라고 말하고 싶어?"

라고 말했습니다. 엄마의 역할은 이야기를 듣고 감정을 보듬어 주는 것이고 문제 해결은 당사자들끼리 직접 해야 한다는 것을 명확하게 제시한 것입니다.

  그러나 이 말을 듣고 여기서 멈출 아이는 그리 많지 않습니다. 그래서 동생은 부모에게 한 번 더 읍소를 하며 야단을 쳐 달라고 하게 됩니다. 자기는 해도 소용이 없을 거라는 말과 함께 동정심을 유발하면서요. 될지 안 될지 모르는 상황에서 안 되는 쪽으로 속단하기보다는 직접 해결을 위한 도전을 해 보도록 격려해 주는 것이 좋습니다. 그래서 다시 엄마는

    "일단 해 보자."

라고 말했습니다. 다행히 요술이와 햇살이가 말이 잘 통해서 오늘은 무사히 해결이 되었습니다. 내일이면 또 비슷한 문제로 요술이가 엄마를 찾겠지만 분명 해결까지 걸리는 시간은 점점 줄어들 것이고 언젠가 요술이가 더 이상 엄마를 찾지 않고 문제를 해결할 수 있는 날

이 올 것입니다. 다만 시간이 좀 걸릴 뿐입니다. 한 번에 해결하려고 하기보다는 아이들이 자기들만의 방법으로 해결할 수 있도록 시간과 기회를 주는 부모의 여유가 필요합니다.

 책 속 상담실

Q 저는 워킹맘입니다. 아이들이 저에게 와서 하는 말을 잘 들어 주어야 한다고 생각하지만 마음처럼 안 될 때가 많습니다. 너무 피곤하거든요. 이럴 때는 어떻게 해야 하나요?

A 이야기를 잘 들을 수 있는 시간을 마련하면 됩니다.

1. 아이에게 어머님의 상태를 말해 줍니다.
"이야기 듣고 싶은데 엄마가 너무 피곤해."라고 어머님의 상태에 대해 말해 주세요. 이런 말을 하지 않으면 아이는 무턱대고 어머님이 자기를 싫어한다고 생각하게 됩니다.

2. 언제 이야기할 수 있는지 알려 줍니다.
어머님이 이야기를 할 수 있는 시간을 아이에게 알려 주고 아이와 시간 약속을 합니다. 우리가 중요한 이야기를 할 때에는 시간을 약속하고 만나는 것처럼이요. 그리고 꼭 약속을 지켜야 합니다. 이런 과정이 반복되면 아이도 무턱대고 이야기를 시작하는 것이 아니라 언제 이야기를 할 수 있는지, 지금 시간 있는지 물어보게 되어 더욱 대화가 편해진답니다.

3. 급한 일이라면 피곤해도 바로 이야기해야 합니다.

조금 있다가 해결해야 하는 것도 있지만 아이의 안전과 관련된 것이라면 바로 이야기를 해야 합니다. 아이가 이야기하고 싶은 것이 어느 정도로 위급한 것인지 파악해 주세요.

4.5. 나도 용돈 줘

　햇살이는 중학생이 되었습니다. 오늘은 햇살이가 용돈을 받는 날인데 그걸 보더니 글쎄 요술이도 용돈을 달라고 합니다. 누나가 받으니 자기도 받고 싶었나 봅니다. 그러나 아직 초등학생도 안 된 요술이와 중학생인 누나를 똑같이 대할 수는 없습니다. 하지만 아이들은 같은 날, 같은 용돈을 받는 것을 공평하다고 생각할 수 있습니다. 일명 '혜택의 공평성'을 중요하게 생각하거든요. 그런데 공평하다는 것에는 두 대상이 동일한 조건이라는 가정이 전제되어야 하는데 요술이와 햇살이는 연령이 달라 동일한 조건이 될 수가 없습니다.

　이런 상황에서 부모의 흔한 반응은 "쬐끄만 녀석이 무슨 용돈이야."라고 핀잔을 주는 것입니다. 이 말을 들은 아이는 평생 동안 용돈을 받지 못할 것 같고, 누나만 용돈을 주는 것에 심술이 나 자기도 용돈을 달라고 계속 고집을 부리고 떼를 쓰게 됩니다. 이와는 반대로 "너도 받아야 공평한 거지."라고 말하며 용돈을 주는 부모도 있을 수 있습니다. 그러나 아직 유아기의 아이는 돈에 대한 개념이 없고, 혼자서 필요한 무언가를 살 수도 없기 때문에 용돈을 줄 필요는 없습니다.

　요술이의 용돈 문제를 해결하기 위해 나선 사람은 의외로 햇살이였습니다. 햇살이는

"기다려. 나도 초등학교 1학년 때부터 받았어."

라고 말했습니다. 햇살이는 자신의 기억의 회로를 더듬어 우리 집만의 규칙이 있음을 요술이에게 말해 준 것입니다. 햇살이는 자신이 초등학교 1학년 때부터 용돈을 받았으므로 요술이에게도 기다리라고 한 것입니다. '용돈 안 줄 거야.'가 아니라 '너도 정해진 때가 되면 줄 거야.'라고 아이의 욕구를 꺾는 말이 아니라 욕구를 제대로 충족할 수 있는 말로요. 이럴 경우 요술이는 자기도 일정한 나이가 되면 용돈을 받게 될 것이므로 그때까지 기다릴 수 있게 됩니다. 이처럼 아이를 양육하는 기준이 있다면 언제나 깔끔하게 상황이 정리된답니다.

아이에게 용돈은 참 중요한 것입니다. 엄마 아빠처럼 돈을 내고 자신이 원하는 것을 살 수 있다는 것은 매우 매력적이고 신나는 일이니까요. 용돈을 쓸 때의 느낌은 마치 어른이 된 것 같은 느낌일 것입니다. 이렇게 멋지고 좋은 용돈은 처음에 어떻게 받았는지, 어떻게 썼는지가 중요합니다. 왜냐하면 그 경험에 따라 돈에 대한 씀씀이와 경제 개념이 달라질 수 있기 때문입니다. 그래서 아이들에게 용돈을 주는 것을 '용돈 교육'이라고 합니다.

아이에게 용돈을 주는 방법은 크게 2가지가 있습니다. 첫 번째는 부모가 정해진 날짜에 정해진 금액을 정기적으로 주는 것입니다. 두 번째는 아이에게 용돈이 필요할 때마다 주는 것입니다. 어느 방법이든 부모와 아이가 정한 대로 하면 되지만 저는 첫 번째 방법인 정기적으로 주는 것이 좋다고 생각합니다. 아이에게 용돈을 정기적으로 주는 것은 아이로 하여금 용돈을 조금 더 계획적으로 사용할 수 있도록 가르치는 기회가 되기 때문입니다. 그리고 필요할 때마다 용돈을 주게 되면 꼭 줘야 하는건지, 꼭 사야 하는 건지 아이와 불필요하게 논쟁을 계속해야 하기 때문입니다.

예를 들어, 아이가 마트를 지나가다가 멋진 로봇을 발견하고는 부모에게 사 달라고 했습니다. 용돈을 정기적으로 받는 아이라면 부모가 "용돈으로 사면 돼."라면 끝날 일입니다. 그럼 아이는 용돈으로 로봇을 살 건지, 로봇을 사지 않고 다른 곳에 용돈을 쓸 것인지를 고민하게 됩니다. 이 과정에서 아이는 자신의 용돈을 어디에 얼마큼을 썼을 때 가장 만족스러운지를 느끼게 되어 용돈을 계획적으로 사용하게 됩니다. 그런데 필요할 때마다 용돈을 받은 아이라면 이 고민을 부모가 하게 됩니다. '이걸 꼭 사야 해?', '생각보다 너무 비싼데. 다른 걸 사는 게 더 좋지 않을까?'라고 말이지요. 그리고 아이와 이 부분에 대한 논쟁을 해야 합니다. 부모와 아이가 생각하는 필요함과 유용함의 기준이 다르기 때문입니다. 아이가 자신의 용돈을 가지고 충분히 만족스럽게 소비할 수 있도록 용돈 교육을 해 보면 좋겠습니다.

 **책 속 상담실**

Q 아이가 명절에 할아버지께 받은 용돈을 하루 만에 다 써 버렸습니다. 아이는 자기가 받은 용돈이라며 마음대로 써도 된다고 하는데 이렇게 두고 봐야 할까요? 너무 불필요한 곳에 돈을 쓰는 것 같아요.

A 명절에 받는 특별 용돈에 대한 교육이 필요합니다.

1. 돈에 대한 개념을 알려 줍니다.
"돈은 직접 벌어서 쓰는 거야."라고 꼭 알려 주세요. 아이가 받은 용돈이지만 직접 번 것은 아니므로 함부로 사용할 수 없음을 이야기해 주세요.

2. 특별 용돈에 대한 사용 계획을 함께 세웁니다.
특별 용돈을 언제, 어디에, 얼마나 쓸 것인지에 대한 약속을 미리 해 주세요. 그 약속에 맞춰 사용한다면 용돈을 절대로 함부로 쓰지 않게 된답니다.

5

사춘기!
이해가 필요해요

5.1.
사춘기가 시작된 것 같아

　햇살이의 기분이 좋아 보이지 않는 날이 이어지고 있습니다. 엄마만 느끼고 있었나 했더니 요술이도 느끼고 있었네요. 드디어 햇살이에게 사춘기가 찾아오고야 말았습니다. 분명 한 번은 겪어야 하는 일이라 예상하고 있었지만 그 순간을 맞닥뜨리니 '올 것이 왔구나'라는 생각에 마음을 다시 다잡게 됩니다. 앞으로 햇살이와 요술이의 신경전이 더 심해지는 나날이 엄마의 눈앞에 열두 폭 병풍처럼 장엄하게 펼쳐졌거든요. 왜냐하면 요술이는 눈치 없이 계속 누나에게 무언가 말을 하며 도와달라, 같이 하자라고 귀찮게 할 것이고, 햇살이는 가뜩이나 기분이 안 좋은데 이런 요술이가 곱게 보일 리가 없을 테니까요.

　이럴 경우 부모는 첫아이에게 "너 요즘 왜 그래? 사춘기야?"라고 타박을 하거나 "동생한테 잘 좀 해 줘."라고 부탁인지 지시인지 모를 말을 하게 됩니다. 첫아이는 이 말을 듣는 순간 자신의 상태를 생각하기보다는 "아이~ 짜증 나."라고 반항적인 모습을 보일 수 있습니다. 그래서 엄마는

　　"햇살아, 우리 바람 좀 쐴까?"

라고 특별 대담을 신청했습니다. 다행히 순순히 엄마를 따라 놀이터

에 햇살이가 나왔습니다. 누군가와 중요한 이야기를 할 때 우리는 외부의 공간에서 따로 만나지요? 이와 마찬가지로 오늘은 엄마가 햇살이와 사춘기에 대한 중요한 이야기를 하려고 놀이터로 햇살이를 불러낸 것입니다.

사춘기가 시작된 아이에게 가장 먼저 해야 하는 말은 사춘기가 시작되었음을 알리는 것입니다. 그리고 사춘기는 성장해 나가는 자연스러운 과정이고 누구나 겪는 것이며 특히 감정의 변화가 많다는 것을 꼭 알려 주어야 합니다. 그런데 만약 설명이 여기서 끝이 난다면 사춘기 아이에게 화를 내고 짜증을 낼 특권을 주는 것이 됩니다. 당연히 아이는 자신의 감정을 마구 쏟아 내고는 사춘기라며 정당화하고 사춘기 뒤에 숨어 버리게 됩니다. 사춘기의 감정 변화를 부모가 이해해 줄 수는 있지만 그렇다고 해서 아이가 한없이 쏟아 내는 감정을 고스란히 받아 주어야 하는 것은 절대로 아닙니다. 그렇게 하기도 힘들지만 만약 그랬다가는 아이는 감정 조절 능력이 상실될 것이고 부모는 결국 폭발하게 되어 서로의 관계가 무너지는 결과를 초래하게 되니까요. 그래서 엄마는

"방에서 기분을 풀고 다시 나오면 돼."

라고 스스로 조절하는 방법을 알려 주었습니다. 물론 이렇게 감정을 조절하는 방법을 알려 준다고 해서 다 그렇게 실천을 하지는 못합니다. 사춘기 아이는 자기가 지금 화를 내고 있다는, 짜증을 내고 있다는 것조차 인지를 못 할 때가 많기 때문입니다. 그래서 아이가 사춘기에

적응을 하고 자신의 상태를 잘 인지할 때까지 부모가 "지금 기분이 안 좋아 보여. 방에서 쉬면 좋겠어."라고 귀띔을 계속해 주어야 합니다.

 책 속 상담실

Q 아이는 사춘기이고 저희 부부는 갱년기입니다. 모두가 다 감정이 힘들 때가 있습니다. 이럴 때 부모가 아이에게 힘들고 짜증 난다고 말해도 될까요? 부모답지 못한 것처럼 느껴집니다.

A 서로 감정이 힘들군요. 감정을 표현하는 건 자연스럽고 서로에게 도움이 되는 일입니다.

1. 감정을 언어로 표현합니다.
지금 나의 감정을 '짜증 났어. 화났어.'와 같이 단어로, 말로 표현해 주는 것은 좋습니다. 감정은 이렇게 표현될 때 해소되기 때문입니다. 그러나 흥분된 어조로 감정을 표현하면 감정표현이 아니라 그냥 화를 내는 것이 됩니다. 따라서 감정을 표현할 때에는 감정이 넘치지 않도록 잘 조절하는 것이 중요합니다.

2. 잠시 휴식을 취합니다.
아이에게 부모님의 감정을 말해 준 다음에는 부모님이 스스로 자신의 감정을 해소하기 위한 행동을 해야 합니다. 이럴 때에는 혼자 쉬는 것이 좋습니다. 아이에게 "엄마 아빠 좀 쉬어야겠어. 좀 있다 봐."라고 말하고 각자 혼자만의 시간을 꼭 가져 주세요. 처음에는 이런 과정이 어색하고 어렵지만 익숙해지면 쉽고 당연한 과정이 된답니다.

5.2. 저 아줌마도 사춘기야?

주말 저녁 온 가족이 모여 드라마를 시청하고 있습니다. 여유롭고 평화로운 시간도 잠시. 햇살이가 요술이를 쥐어박는 사건이 발생하고 말았습니다. 요술이가 드라마에서 화를 내는 배우를 보고는 사춘기 누나와 똑같다는 말을 해 버린 것입니다. 발끈한 햇살이는 요술이를 절대로 가만히 둘 수 없었을 것입니다.

사춘기가 시작된 햇살이에게 사춘기에 대해 알려 주고, 감정을 조절하는 방법을 알려 준다고 해서 사춘기의 감정 조절이 잘되는 것은 절대로 아닙니다. 상황이 이렇다 보니 어린 요술이마저 누나의 상태가 평소와 다르다는 걸 눈치챘나 봅니다. 그래서 사춘기를 겪고 있는 햇살이가 스스로 사춘기를 잘 보내려는 노력뿐만 아니라 가족 모두가 햇살이의 사춘기를 응원하고 배려하는 것이 필요합니다. 그래서 엄마는 요술이를 불러서

"누나 기분이 안 좋을 때에는 혼자 있게 두는 거야."
"옆에 안 가면 돼."

라고 말했습니다. 다행히 요술이가 잘 알아들은 것 같습니다. 그러나 누나가 사춘기라는 것을 종종 잊어버리고 늘 하던 대로 할 요술이라

서 매번 주의를 주어야 합니다.

사춘기를 호되게 겪는 아이에게 부모가 많이 하는 말은 "너만 사춘기 하냐? 사춘기가 벼슬이야?"입니다. 이런 말을 들은 아이의 기분은 어떨까요? 가뜩이나 몸도 마음도 힘든데 자신을 이해해 주지 않는 부모에게 분노의 감정을 넘어서서 반항적인 행동을 하게 될 가능성이 있습니다. 그래서 사춘기 아이를 자극하는 말은 하지 않는 것이 좋습니다.

사춘기는 모든 아이가 겪게 됩니다. 요술이가 자신의 사춘기를 벼르고 있는 것처럼이요. 그러나 그 심각성과 위험성의 정도는 아이마다 많이 다릅니다. 그 다름의 원인은 사춘기 이전에 가족과 어떻게 지냈는지, 감정 상태는 어땠는지, 친구들과의 관계는 어땠는지와 연관되어 있습니다.

물과 진흙이 담겨 있는 병이 있습니다. 진흙은 아래에 고여 있고 그 위에 물이 있는데 이때의 물은 깨끗한 상태입니다. 이 상태를 사춘기 이전의 아이의 상태라고 하겠습니다. 그런데 병이 흔들린다면 진흙과 물이 뒤섞여 엉망으로 혼탁해집니다. 사춘기의 변화무쌍한 감정 변화와 반항하고 싶은 마음 등이 이 흔들림입니다. 따라서 모든 아이들의 사춘기는 혼탁한 시기입니다. 그러나 진흙의 많고 적음에 따라 분명 그 혼탁함의 정도는 달라집니다. 진흙이 바로 아이의 평소의 정서 상태, 가정환경, 또래 관계입니다. 따라서 사춘기의 감정 기복과 반항적인 말투와 행동이 발현되었을 때 무언가 해결하려 노력한다면 그만큼 많은 노력이 필요하게 됩니다. 때문에 사춘기를 조금이라도 평화롭게 겪도록 하기 위해서는 사춘기 이전 영유아기와 아동기 전반을 잘 보내야 하는 것입니다.

사춘기 이전 시기에는 가족과 시간을 많이 보내어 정서적 유대감이 돈독하게 형성되어 있어야 합니다. 그리고 문제가 생겼을 때 대화를 통해 해결하는 집안 분위기도 중요합니다. 또한 가족 외에 또래들과의 관계가 중요해지는 시기이므로 마음을 터놓고 이야기를 할 수 있는 친구도 필요합니다. 이 모든 것은 하루아침에 만들어지고 가질 수 있는 것이 아닙니다. 그래서 평소 아이와 눈을 맞추고 대화하는 분위기를 잘 만들어 주면 좋겠습니다.

가끔 사춘기가 없었으면 좋겠다고 말하는 부모도 있습니다. 그런데 사춘기는 남들 다 할 때 하는 것이 좋습니다. 아이들은 보편적인 발달 과정을 거치게 되는데 어느 한 과정을 빠뜨리게 되면 늦게라도 반드시 그 과정을 거치며 발달을 하게 되어 있습니다. 만약 아동기 후반이나 청소년기에 사춘기를 하지 않는다면 20대 초·중반에 하게 되는데 이때의 감정 기복과 반항은 실로 어마어마할 수 있습니다. 누구나 사춘기를 겪는 시기에 적당히 사춘기를 겪고 성인기를 맞이할 수 있도록 도와주면 좋겠습니다.

 **책 속 상담실**

Q 중학생 아들입니다. 사춘기가 시작되면서 부쩍 방 안에서 혼자 생활하는 시간이 늘었습니다. 방에서 혼자 뭘 하는지 걱정도 되고 가족들과 관계도 소원해지는 것 같아 걱정입니다. 어떻게 하죠?

A 갑자기 달라진 아이의 모습에 부모님이 당황스러울 것 같습니다. 그러나 당연하고 자연스러운 과정이니 너무 걱정은 하지 않았으면 좋겠습니다.

1. 혼자만의 시간을 보장해 줍니다.
아이가 커 가고 있는 과정입니다. 혼자만의 시간과 공간을 충분히 누릴 수 있도록 배려해 주세요.

2. 아이가 방 밖으로 나오면 반겨 줍니다.
아이가 방 밖으로 나오면 반갑게 맞아 주고 맛있는 밥도 같이 먹으며 이야기를 나누면 좋겠습니다. 이때의 대화는 묻고 대답하는 것이 아니고 서로의 일상을 공유하는 따뜻한 주고받음이어야 합니다.

3. 부부의 시간을 즐겨 봅니다.
그동안의 시간은 대부분 부모로 보냈을 것입니다. 이제 아이가 많이 자랐으니 부부의 시간이 다시 돌아왔습니다. 아이보다는 부부 서로에게 집중하며 즐거운 시간을 보내는 것이 좋겠습니다.

6

관계!
분명 사랑이 있어요

6.1.
엄마 아빠 없을 때는 말 잘 들어

햇살이가 중학생이 되고 요술이가 초등학생이 되면서 가장 좋은 사람은 엄마 아빠입니다. 이제 잠깐씩 데이트를 할 수 있게 되었거든요. 오늘은 엄마 아빠가 데이트를 하는 날이라 햇살이와 요술이만 집에 있는 날입니다. 엄마는 요술이와 햇살이가 잘 지낼 수 있을까 살짝 걱정이 되긴 합니다. 왜냐하면 요술이가 점점 더 누나 햇살이의 말을 거부하거나 무시하는 일이 많아졌거든요. 심지어 놀리기까지. 요술이가 초등학교 1학년이 되면서 좋고 싫음 그리고 귀찮음까지 표현할 수 있게 되었고 자신에게 뭐라고 하는 누나의 기분을 상하게 하는 방법까지 터득하고야 말았습니다. 사춘기로 짜증 많고 예민한 햇살이에게 요술이의 행동은 참 얄밉게 느껴질 것 같습니다.

　그런데 엄마 아빠가 외출을 하자 요술이는 언제 그랬냐는 듯이 햇살이의 말을 잘 듣습니다. 햇살이가

"엄마 아빠 없을 때는 말 잘 들어"

라고 말할 정도로요. 그동안 투닥거려도 요술이는 햇살이를 의지하고 있었나 봅니다. 하긴 나이 차이만 무려 7살이고, 햇살이는 교복을 입고 학교에 가는 존재이니까 분명 요술이 눈에는 누나 햇살이가 자

신과는 차원이 다른 큰 사람으로 보였을 것입니다.

다행히 엄마 아빠가 무사히 즐거운 데이트를 끝내고 돌아올 때까지 아이들이 잘 지냈고 특히 집 정리도 되어 있고 밥도 제때에 잘 먹은 걸 보니 여간 기특한 것이 아닙니다. 이런 행복한 날이 드디어 왔습니다. 요술이가 태어난 지 꼬박 7년이라는 시간이 지난 후에 말입니다. 그동안 엄마 아빠도 아이 둘을 키우느라 수고가 많았으니 이런 정도의 달콤한 보상 정도는 받아도 될 것 같다는 생각이 듭니다.

아이들이 어느 정도 자라면 아이들끼리만 집에 있을 때가 있습니다. 이 시간을 잘 보내기 위해서는 평소 아이들의 사이가 최소한의 안전이 확보될 정도는 되어야 합니다. 서로 몸싸움을 한다거나 거침없이 욕을 내뱉는다면 둘만 집에 둘 수가 없으니까요. 평소 아이들이 어떻게 지내는지 잘 지켜보고 잘 지낼 수 있도록 지도하는 부모의 노력이 필요합니다. 이 부모의 노력은 아이들을 향한 부모의 사랑이 균형을 잘 잡고 있을 때 가능합니다. 어느 한쪽으로 치우치지 않도록 오늘도 사랑의 균형을 잘 잡아 보길 바랍니다.

 책 속 상담실

Q 아이 둘만 집에 두고 부모가 외출해도 되나요?

A 될 수도 있고 안 될 수도 있습니다.

1. 안전 교육을 합니다.
아이들이 초등학생 정도는 되어야 하고 집 안에서 안전하게 생활할 수 있어야 부모님이 잠깐이라도 외출을 할 수 있습니다. 평소에 가스, 창문, 위험한 도구, 방문객 등에 대한 안전 교육을 잘해 주세요.

2. 아이들의 동의가 필요합니다.
부모가 외출을 하고 아이들만 집에 있을 때에 아이들이 무서워하지 않아야 합니다. 아이들이 부모가 없을 때 무서워하지 않고 잘 있을 수 있는지 동의를 구해 주세요.

6.2.
누나가 나 좀 좋아하나 봐

다른 사람이 요술이
건드리는 건 못 참지.

나만 돼.

티격태격 해도 마음속 깊은
어느 곳엔가 분명 사랑이 있다.

　요술이의 숙제를 위해 가족이 모두 모였습니다. 가족들의 관계에 대해 쓰는 것이 오늘의 숙제입니다. 각자 돌아가며 스스로 생각하는 관계에 대해 적었습니다. 아빠는 사랑을, 엄마는 놀이를 하는 사이라고 썼습니다. 그런데 햇살이의 답이 놀랍습니다.

　'나만 구박할 수 있는 사이'

　생각지도 못한 답입니다. 서로 엄청나게 사랑하는 좋은 사이라고 하지는 못하겠지만 분명 남과는 다른 사이라는 것을 인식하고 있음이 틀림없습니다. 일명 애증의 관계지만 '애'와 '증' 중에 '애'가 조금 더 많은 것 같아 다행이라는 생각이 듭니다.
　앞으로 햇살이와 요술이의 관계는 좋은 맑음과 나쁜 흐림 그리고 뿌연 안개와 같은 날을 반복하게 될 것입니다. 늘 좋을 수는 없으니까요.
　아이들이 친구와 지내는 걸 살펴보면 잘 지내다가도 절교를 한다는 등 심각해지는 경우가 있습니다. 그러나 또 사과하고 화해하고 다시 잘 지내기도 합니다. 형제, 자매, 남매도 이와 같습니다. 늘 잘 지내길 바라는 건 부모의 바람이고 어쩜 이루어질 수 없는 욕심일 수 있습니다. 좋고 나쁨을 반복하는 것이 인간관계의 모습이므로 너무 잘 지내기만을 바라지 않았으면 좋겠습니다. 목표가 크면 성공은 어렵고 그만큼 좌절하고 상처받는 일이 많아지니까요.

아이들이 잘 지낼 수 있도록 하는 비결은 형제, 자매, 남매라는 혈연 관계를 강조하며 두 아이를 한 세트로 묶어 두지 않는 것입니다. 흔히 "형도 씻으니 너도 지금 씻어.", "동생은 치킨 먹는다고 하니 너도 치킨 먹자."라고 하는 경우가 있습니다. 이는 사실 부모의 편의성에 맞추어 두 아이를 대하는 것입니다. 여기서부터 아이들의 질투와 경쟁과 불만이 쏟아지게 됩니다. 두 아이 모두 낱개 포장된 사탕처럼 개인의 기질과 성격 특성에 맞추고 서로의 의견을 존중하며 대해야 합니다. 그리고 첫아이에게는 첫째로서의 의무가 없어야 하고 동생에게는 동생으로서의 막강한 권리가 없어야 합니다.

첫째도 둘째도 부모가 양육해야 하는 존재이고, 부모는 두 아이 사이에서 사랑의 균형을 잘 잡아야 하며 특히나 비교는 절대 금지임을 꼭 기억해야 합니다. 아이들은 언제나 부모의 사랑을 저울질하는 존재입니다. 가장 좋은 건 부모의 사랑이 아이들의 아주 주관적인 눈금이 존재하는 저울 위에 올라가지 않는 것입니다. 한 명, 한 명에게 필요한 사랑을 전해 주세요. 아이들은 서로를 더 이상 비교하지 않고 질투하지 않을 것입니다.

 **책 속 상담실**

Q 저희 부부는 삼 남매를 키우고 있습니다. 아이들끼리 크고 작은 다툼이 많습니다. '아이들이 조금 더 자라면 괜찮아지겠지'라는 마음도 있고 '더 싸움이 커지면 어쩌나' 하는 고민도 듭니다. 아이들의 관계가 나아질 수 있을까요?

A 네. 물론입니다. 관계는 나아진답니다.

1. 아이들이 매일 자라고 있다는 것을 기억합니다.
아이들이 자라는 것이 매일 눈에 보이는 것은 아니지만 일년쯤 지나면 훌쩍 자란 것이 보이지요? 아이들은 매일 자라고 있다는 것을 믿고 기억해 주세요.

2. 아이들을 개인별로 존중해 줍니다.
아이들은 자신이 존중받고 있다고 생각될 때 다른 사람도 존중하게 됩니다. 부모님이 존중을 실천해 주세요. 분명 아이들도 서로를 존중하게 될 것입니다. 그러면 자연스럽게 관계도 돈독해진답니다.

애들
키우기

ⓒ 양경아, 2025

초판 1쇄 발행 2025년 6월 2일

지은이   양경아
그린이   정채원
펴낸이   이기봉
편집   좋은땅 편집팀
펴낸곳   도서출판 좋은땅
주소   서울특별시 마포구 양화로12길 26 지월드빌딩 (서교동 395-7)
전화   02)374-8616~7
팩스   02)374-8614
이메일   gworldbook@naver.com
홈페이지   www.g-world.co.kr

ISBN   979-11-388-4223-5 (03370)

- 가격은 뒤표지에 있습니다.
- 이 책은 저작권법에 의하여 보호를 받는 저작물이므로 무단 전재와 복제를 금합니다.
- 파본은 구입하신 서점에서 교환해 드립니다.